たけちゃん、金返せ。

浅草松竹演芸場の青春

藤山新太郎

論創社

まえがき

はじめに申し上げなければならない事があります。私は北野たけしさんに金を貸しています。五万三千円です。「何だ、それっぱかりの金」と思う人があるかもしれませんが、貸したのは四十年も前の事です。当時二十代だった私にとっては、一か月の生活費に匹敵するほどの大金です。なぜ貸したかは本文を読んでください。

当時も今も、私はマジシャン（正式には手妻師《てづまし》、日本の伝統奇術の演者）で、年の割には稼ぎのいいマジシャンでした。しかし、稼いでいたから金を貸したのではありません。

松竹演芸場でたけしさんと出会って以来、私はたけしさんの才能にほれ込み、当時、数少ないたけしさんの理解者の一人となりました。当時は四面楚歌だったツービートを支援し、ツービートの普及協会会長を自ら任じていました。にもかかわらずその後、たけしさんは貸金を踏み倒し、後ろ足で砂をかけ、「けっ」と言って、肩をひくひくさせて去って行きました。

その後、たけしさんが有名になった後も、何度か顔を合わせる機会はありました。貸金も催促しましたが、すぐ返すよと言って、結局今日までうやむやです。

いや、正確にいうと、たけしさんは、返そうという気はあったようです。

二〇一四年、東スポ芸能大賞というたけしさんの選定する賞で、私は特別芸能賞というものを頂きました。私は、この東スポ芸能大賞がどれほど権威のある賞かは知りません。ただ、私と同時受賞した人は、元南アフリカ大統領ネルソン・マンデラさんの追悼式で、各国要人のスピーチをデタラメに手話通訳した人でしたから、きっと怪しい賞だと思っていました（インチキ手話通訳は当日欠席していました。当然だと思います）。

とにかく賞状と賞金が出るから来てくれと言われて、東京プリンスホテルのパーティー会場に行き、私はたけしさんから賞状を頂き、賞金の入ったのし袋を貰ったのですが、その時に、たけしさんは、

「これで昔の借りは勘弁してくれ」

と言いました。何と、たけしさんは借りた金を覚えていたのです。そうであるなら、北野たけしともあろう人が、すぐにでも返せる金を、なぜその日までうやむやにしていたの

でしょうか。しかし、いかにたけしさんに選んでもらった賞とは言え、東スポの賞金で何とかしてくれというのは筋が通りません。賞金は私の四十数年間にわたる奇術師としての成果として東京スポーツ新聞社から頂いたのです。それを自分の借金と一緒にするとは何事か。私はふつふつと怒りがこみ上げて来ました。「他人の褌《ふんどし》で相撲を取るとは、とんでもない奴だ」――そう思うと私は、受賞の感想を求められたときに、賞金を握りしめて、

「これで済んだと思うなよ」

と昔の東映の悪役、上田吉二郎が言いそうなセリフをマイクを通して口走っていました。

この時私は決心しました。生涯「金返せ」を言ってやろう、と。

正直なところ、金はどうでもいいのです。今となっては返してもらっても、銀座で豪遊できるほどの金額でなし。高円寺の純情商店街で仲間と呑んで、一晩で消えてしまうような金です。それなら要りません。たけしさんの方も初めから返す気はないはずです。だとするなら、たけしさんが私に何を期待しているのかと考えると、恐らく、わざと私に弱みを見せて、私から、世間に面白い話題を提供させようと考えているのでしょう。あの人は常にSとMが同居しているような人ですから、人に責め立てられ、自ら追い込まれて、窮余のリアクションを見せて、笑いを作るのが好きなのです。

よし、そうとわかれば、私は生涯たけしさんに貸した金をネタに、たけしさんを語ってやろうと決心しました。それで、この本の発刊に至ったのです。売れる前のたけしさんの生態は、今となっては謎の部分がたくさんあります。私しか知り得ない二十代のたけしさんの話は山ほどあります。ただし、今まではそれを語ることを躊躇《ちゅうちょ》していました。

なぜと問われるまでもありません。立派に成功した人の過去を語ることはその人に失礼だからです。どんなに偉大な人でも若いうちはおかしなことをするものです。ましてやたけしさんです。それをあげつらっては失礼です。しかし、あれから四十年が経ちました。国の公文書でも、三十年も経てば外に公表します。そうならそろそろたけしさんのことも表に出してもよいと思います。

拙著は決してたけしさんの輝かしき成功を貶《おとし》めるために書いたのではありません。何度も言いますが、私こそたけしさんの理解者の第一人者であり、全く売れていなかったたけしさんと、六年間、松竹演芸場の楽屋や、舞台を共にし、終わるといつも酒を飲んで過ごしてきたのです。そんな私がたけしさんを悪く書くはずがないでしょう。ヘークショイ。

この間の六年は何にも代えがたい充実の日々でした。なぜなら、あの北野たけしを独占し、毎日一緒に酒が飲めたのですから。今思えば私の人生にこんな毎日があったことを幸せに思います。この場を借りて、たけしさんに感謝申し上げたい、と殊勝な言葉の一つも言いたいところですが、そう素直には頭を下げられません。貸した金以外にも数々の不義理をされたことを忘れることはできません。私だけではありません。どれほど多くの人がたけしさんに苦しめられたか。中には私の親父のように金が戻らないまま亡くなっていった芸人もいます。そうした芸人の鎮魂の意味も含めて、ここにたけちゃん出世物語の一節《ひとふし》を語らせていただきます。

さぁさぁ、長口上《ながこうじょう》は芸の妨《さまた》げ、されば、四十年前の浅草松竹演芸場に皆様をお誘い申し上げましょう。演芸場に出演していた様々な芸人と、たけちゃんとが織りなすばぁかばかしいお話、題しまして『たけちゃん、金返せ。』のお粗末。お時間まで、「よっ、新ちゃんたっぷり」。

二〇一八年八月

藤山新太郎

たけちゃん、金返せ。　浅草松竹演芸場の青春

＊もくじ＊

たけちゃん、金返せ。

浅草松竹演芸場の青春

天才現るの巻

1

初めてたけちゃんに会ったのは昭和五十年、私が二十一の時でした。当時私はジュニア南といって、大学に通いながら舞台に立つマジシャンでした。名前の由来は、私の父親が南けんじといって、漫談をしていて、その倅《せがれ》だからジュニア南です。親父は戦後すぐにスイングボーイズというコミックバンドを拵《こしら》えて、人気が出て、その後脱線ボーイズ、さらに漫談になりました。

なにぶん、親父は戦争前から活動していた芸人ですから、浅草松竹演芸場では主《ぬし》のような存在で、出番があろうとなかろうと、毎日のように、演芸場の事務所か楽屋にたむろして、競馬の予想をしたり、若手や中堅の芸人相手に、麻雀やトランプ博打《ばくち》をして、若手のなけなしの小遣いをむしり取って酒代にしていました。親父のことは後で話します。

最初の出会いはたけちゃんではなく、相方のきよしさんでした。今度ツービートというコンビを組んで演芸場に出るというので、松竹演芸場に挨拶に来たのです。初出演の若手は、事前に宣伝材料（写真、プロフィール、名刺の三点）を持って、住田課長に挨拶に行くのが決まりです。宣伝材料は、楽屋用語で宣材といいます。以前、宣材を持って来なさいと言われて、課長に粉の洗剤を持って行ったコンビがありました。それでも課長は有り難そうに洗剤を受け取り、そのコンビを出演させたのです。ルールはあってないようなものです。

私が親父を探して楽屋に入って行くと、きよしさんは楽屋で仲間の芸人と話をしていました。きよしさんは体が大きく、言葉は相当訛っていました。山形出身だそうです。パッと見た目には純朴な農村青年で、少し話をすると面白そうな人なので、仲間の芸人と三人で喫茶店に出かけました。きよしさんは、

「初めは、フランス座で照明を手伝っていてさ、ストリップの合間に出てコントをしていたんだ。でも、このままじゃ芽が出ないと思ったから、エレベーターボーイをしていたたけしを誘って漫才コンビを組んだんだよ。そうしたらたけしの師匠の深見千三郎さんに、『コントをするならいいが、漫才するなら破門だ』と言われて、破門になっちゃったんだよ」

「深見千三郎さんって誰なの」

「ストリップ劇場では看板の芸人だよ」

「それじゃフランス座に出られないでしょう」

「それで松鶴家千代若・千代菊師匠に頼って、漫才の弟子にしてもらったんだ」

「千代若師匠って古典漫才でしょう。きよしさんのいく道とは違うんじゃないの」

「うん、でも、とりあえずどっかに入っていないと、先輩にいじめられるといけないから。それで田舎のホテルに出たり、田舎のストリップ小屋に出たり、田舎のお祭りに出たり」

「田舎ばかりだね」

「仕事ないからしょうがないよ」

「で、どんな漫才をするの」

「一方的に相方が喋りまくるんだ、面白いんだこれが。相方は天才だよ」

なんだかよくわからないけれども、面白そうだから見てみたいと思いました。


翌月演芸場に行くと、楽屋から漫才の、春風こうたさんが出て来て、

「ツービート出るよ。面白いから一緒に見ようよ」

と言って、演芸場の客席後ろの壁に並びました。見るとほかの漫才も並んでいます。つまりみんなして、一本目に出るツービートを待っているのです。こんなことは今までになかったことです。大概一本目の漫才なんて、観客をだらすだけだらして、期待して演芸場に入ってきた客をしみじみ後悔させるような、見るに堪えない漫才が多いのですから。

ここで初めてツービートの漫才を見ました。初めから終《しま》いまでたけちゃんが喋りまくって、自分で筋を運んで、自分で落として、きよしさんは時々「やめなさい」「よしなさい」と言うだけで、漫才というよりも漫談に近いものでした。しかし、面白いことは無類です。

その時のネタはこんな感じでした。

たけし「どうも、ツービートです。今日のお客さんの状況は、スズメの学校といいます」
きよし「どうして」
た「じーじーばーばージージーバーバーといって」

き「よしなさい」
た「最近顔色いいじゃないか」
き「まあな」
た「親でも死んだか」
き「よしなさい、親が死んで喜ぶわけないだろ」
た「今は学歴社会っていいますけどね、でも本当は学歴なんて関係ないですよ。こいつの兄さんなんか中学出ですよ。でも真面目ですから、今は立派なやくざですよ」
き「よしなさいどこが真面目なんだ」
た「腕にまじめって彫ってあるんですから」
き「彫ってどうすんだ」
か「今は立派に更生しています」
き「いいよ、もう」
た「姉さんなんか中学校中退ですけどねぇ、今は立派なストリッパーですよ」
き「それは俺のかみさんだよ」

た「で、こいつの生まれが山形ですよ」
き「いいとこですよ、山形」
た「山形っていっても並みの山形じゃないんですよ。駅からバスに乗って二時間、船に乗って二時間。あと槍持って走るんですよ」
き「よしなさい」
た「飛行機見るとみんなで手を合わせて拝むんですから」
き「いい加減にしなさい」
た「みんな裸で、男なんか前に竹筒はめてるんですよ」
き「よしなさいって」
た「こいつの親父なんか元人食い人種だったんですから」
き「いい加減にしなさい」
た「おじいさんなんか山形で初めて立って歩いた人ですよ」
き「そんなわけないだろ」

こんな調子で、つながりのない話が延々と続きます。ストーリーなんて全くない。たけちゃんの一方的な機関銃のような喋りが続くだけ。その喋りもお世辞にもうまい喋りではなく、口がもごもごして、滑舌が悪い。芸の味わいなんて全くない。ボケと突っ込みの区別もない。そもそもきよしさんがボケない。突っ込まない。これは漫才とはいえません。話すそばから観客が笑って、笑った後にはネタが宙に消え去ってゆく。実に即物的です。

しかもたけちゃんは喋っている間中、右の肩をこきこき動かして、顔もぴくぴく引きつらせて落ち着かない。相当精神的に不安定な人のように見えます。だけども面白い。理屈抜きで面白い。いつ果てるとも知れない小話の連続で、いくらでも聞いていたくなります。

正直言って、私はこれまで松竹演芸場で面白い漫才を聴いたことがありませんでした。関西の漫才には面白い人がいますが、関東の漫才は、巧さは感じても、型にはまっていて、行儀が良く、声に出して笑うほど面白かったことはありませんでした。ところが、ツービートはすごい。腰を曲げて笑ってしまう箇所が何度もありました。演芸場の一本目の漫才の、しかも初舞台でこれほど面白いというのは初体験でした。

これは何としても仲間になりたい。早速地下の楽屋に降りていくと、たけちゃんは大部屋の真ん中で、裸で汗を拭きながら、デレーッとして休んでいました。この時たけちゃんは二十八歳くらいだったと思います。ラクダのシャツを着て、年の割に老けて、およそ若手漫才に見えません。今見た漫才がとても面白かったと話すと、たけちゃんは素直に喜びの表情を浮かべ、色々と話を始めたので、私は早速喫茶店に誘いました。この先六年にわたるたけちゃんとのお付き合いは、こうして始まりました。

喫茶店でのたけちゃんは舞台と同じく、面白い話をぽつぽつ小声で喋ります。今までたくさんの芸人とお茶を飲みましたが、こんな面白い人は初めてでした。関西の漫才のこと、東京の落語家のこと、今の芸人も昔の芸人も実によく知っています。笑いに関する限り何でも好きなようです。だが、向かい合っていてもほとんど目を合わせません。

たけちゃんはいつでも伏し目がちで、ぼそぼそと話をします。時折、自分の笑いを確かめるかのように前を向いて、ちらりと私の顔を見ますが、相手が満足していると知ると、またすぐに下を向いてしまいます。シャイなのです。そのうち、別の芸人が話題を出して、そっちの話が盛り上がってくると、今度は、野良猫のように縮こまり、寂しそうな顔をして聞き役に回ります。「ずいぶん屈折した心根の人なんだなぁ」と思いました。

私は、一遍会っただけでたけちゃんの頭の回転の良さにはまってしまいました。すべてを突き抜けて畏敬の念すら感じました。これ以後、三日に一度くらい演芸場に行っては、たけちゃんとお茶を飲むのが楽しみになりました。

2

私は親父に、ツービートという漫才がめちゃくちゃ面白いと話をしました。今までの漫才とは格段の違いだと言うと、親父もそれなら見てみようとその気になりました。私が三度目にたけちゃんに会った時にはたけちゃんは私の親父が南けんじであることを知っていました。

「親父さんって面白いよなぁ。こないだ漫談聞いて笑っちゃったよ。『死に物狂いで白線にタッチ』、可笑しかったなぁ。ジュニアは親父さんと一緒に暮らしているの」

「うん、でもね、俺の家は上板橋なんだ。上板橋から浅草へ行くのは不便だから、親父は、浅草の知り合いの家を泊まり歩いて、家に帰らないんだ。仕事の用事なんかは家に電話がかかってくるから、その都度、親父と連絡を取らなけりゃいけないのに、居場所がわからないんだ。

こっちはさぁ、電話の取り次ぎをしたり、親父がいつでも同じ服ばかり着ていちゃいけないから、着替えも持って行ってさ。汚れた服を持って帰るんだ。俺だって、学校に行ったり、キャバレーに出たり、結構忙しいんだよ。世間の倅でそこまで親の面倒を見る倅ってそうはいないよ。まぁ、親父に用がある時は演芸場に行くのが一番なんだ。何しろ毎日のように演芸場にいて、若手相手に博打やって若手の小遣いかすめ取っているんだもん。たけちゃんも親父と博打しない方がいいよ。麻雀もポーカーも名人だよ。若い奴みんな取られちゃうんだから。若手芸人はね、国から源泉を取られ、演芸場にマージン取られ、親父に博打で小銭を取られ、抜かれまくるんだから。まるで江戸時代の小作人だよ」

「いいなぁ、親父さん。芸人らしくて」

「家族は迷惑だよ。まぁ、夜はキャバレーに出ているから、その稼ぎを多少家に入れているらしいけど。楽屋の博打は全部自分の小遣いだもん。金がなくなるまで遊んでいるんだから、親父は懐に三万円あればいつでも満足。大望なんてないんだ」

親父は、昼は演芸場の事務所にいて、競馬をしています。演芸場の事務所で大っぴらに競馬新聞を広げて、テレビやFM放送の競馬中継をボリュームいっぱいにしても苦情を言われないのは親父だけです。競馬の合間には、若手を相手に麻雀やったりトランプをしたりして小銭を稼ぎ、夜になるとキャバレーに行ってショウをしていました。時々演芸場の出演者が来ないことがあると、代わりに親父が舞台に出て、漫談をします。無論出演料は貰えます。なんにしても親父は演芸場にいると日々の小遣いに困らないのです。

ある時、コントラッキーパンチのレオナルドの熊さんが、相棒が来ないため出演できないと、事務所に泣きを入れてきました。すぐさま親父が出演します。この熊さんという人が、弟子が入るたびに弟子をしごくため、三日か四日で弟子が来なくなってしまいます。するとと十日間ある出演の残り六日間は親父の出番になります。熊さんという人は天才肌の芸人で、その発想は仲間内からは評価されていましたが、弟子は熊さんがあまりに変人のため、面食らって居つかないのです。朝、弟子に稽古をつける時も、

「いいか、お前はやくざのぺーぺーの役だ。初めに舞台に出て、『この組に入れてもらえてこれで俺も一人前のやくざだ』とか何とか言え、そして、『あっ、親分のお越しだ。親分』と言うんだ。すると俺がそこに出て行く。いいか、そういうふうにやるんだ」

「いや、師匠、師匠が出て来て、そのあとどんな芝居をしたらいいんですか」

「馬鹿、そこから先は俺の芝居だ。俺がなんとかする。とにかくお前は俺を迎えればいいんだ。分かったか」

わずか一分ほどの稽古で素人の弟子を舞台に出して、弟子は舞台の上で言われたままに「親分」と呼ぶが親分は出て来ない。親分は地下の楽屋で仲間と麻雀をしています。仕方ないから、何か話を取り繕って、「親分は遅いな、どうしたんだろうな。あぁ、来た来た、親分」などと言って出を待つのですが、親分は一向に出て来ない。

そのうち客が、「おい、もういいから引っ込めよ」と言うと、「すいません、もうじき親分が来ますから待ってください。親分、お願いです。出て来てください。お客さんからも嫌がられています。これ以上は持てません。お願いです。出て来てください」と弟子は涙を流しながら懇願する。すると、我慢の限界に来た客が立ち上がって、「この野郎、いい

加減にしろ。引っ込め」と言って客が弟子の脛《すね》を摑んで舞台から引きずり降ろそうとすると、袖から熊さんが飛んで出て来て、

「なんだ、何があったんだ」

と弟子に聞く。弟子はそこから先の芝居を聞かされていないので、

「え、あの、べつに……」

と言うと、

「用もないのに俺を呼ぶな」

と言って、弟子の頭を思いっきり叩いて引っ込んでしまう。これでコントは終わり。

面白いことは面白いのですが、こんなことが手を変え、ネタを変えて毎日続くんじゃ弟子は生きた心地がしません。結局やめてしまいます。親父いわく、

「あんな人の使い方をしていちゃ、弟子が育つわけがない」

それはそうなのですが、そのギリギリのところで芸を仕込んで、弟子を鍛えてやろうというのが熊さんの親心なのでしょう。私は熊さんの才能のすさまじさにはまり込みました。

ところで、私の親父というのはまことに個性的な体形をしていて、十年後にたけちゃんがオールナイトニッポンというラジオ番組をしていたときに、頭《あたま》ケンの親父コーナーというのを作って紹介したのが親父です。胡坐《あぐら》をかいていたら頭の重みでひっくり返ってしまって起き上がれなかっただの、床屋に行ったら頭が大きすぎて、散髪代を五割増取られただの、いろいろネタにされました。身長は百五十センチ、コロコロ太って、頭が異常に大きくて、体の三分の一くらい頭だとたけちゃんは誇張して言いますが、大袈裟です。しかしそんな人がいるなら一度見てみたいという若い視聴者が親父を探しまくったのです。

そのお陰で親父は大学の学園祭に招かれました。「何で俺が、大学生に知られているんだ」といぶかしみつつも学園祭に行くと、大きな横断幕で「頭ケン来たる」と書いてあったそうです。舞台に上がると学生の多くが「本当だ、頭大きい」と言って親父を指さして大笑いし、五分間はネタをしなくても学生が笑い続けたと言います。当の親父は腹を立てるどころか、有名になったことに満足をし、多めに吹っ掛けたギャラを貰って喜んでいました。

ただし、これは十年後の話で、たけちゃんは昔から親父のような、芸人臭い芸人が好きなようでした。たけちゃんは演芸場に出るようになって、熱心に親父に接近しました。親父もたけちゃんに興味を持ったらしく、よく夜になると呑み屋に連れて行っていました。

3

さて、ツービートの演芸場の初舞台は幸い支配人からもうけが良く、三か月後にまた出してもらえることになりました。今度は私も出ることになり、十日間一緒の舞台でした。たけちゃんは連日、舞台が終わると用事がない。親父がいれば親父にくっついてどこかの呑み屋に行くか、私と一緒に呑みに行きます。私も親父も夜にキャバレーの仕事があればそのまま仕事に行ってしまいますが、なければ浅草でたけちゃんと呑むことになります。

私の親父は人懐っこくて、客から好かれる人でした。別段うわっついたお世辞を言うわけでもなく、自分から客に寄って行ってご馳走してもらおうとするわけでもありません。なんとなくお客が寄って来て、酒や肴をご馳走してくれます。ただし、親父に上客はいません。たまに社長といわれる人もいましたが、社長といっても、フーテンの寅さんに出て来る、団子屋の裏のタコ社長みたいな人ばかりでした。時には親父よりもはるかに貧しそうな客もいました。

親父と私が呑み屋で話していると、プータロー寸止《すんど》めの客が寄って来て、

「師匠、俺、師匠のファンなんだよ。時々演芸場で見てるよ。師匠は面白れぇよな」

と言って、焼酎をご馳走してくれました。その挙句、

「せっかく会ったんだから、師匠に祝儀出したいな。でもさぁ、俺さっき競馬で擦っちゃったから、あんまり金がないんだよ」

「いいよ、別に、酒ご馳走になったんだから、十分だよ。気持ちだけ貰っておくよ」

「いや、それじゃあ師匠に失礼だ。あぁ、そうだ、これ、これね、さっき買った馬券なんだ。三千円当たっているから、これあげるよ。嘘じゃないよ。これ取っといてよ」

と縒《よ》れた馬券を親父に握らせた。親父は、汚いなりをした客から貰った馬券を怪しいと思いつつもポケットに入れました。後で親父は、たぶん騙されていると思いつつ、馬券の払い戻し場に持って行くと、三千円当たっていました。そこで親父は私に、

「いいか、金持ちの社長がくれる一万円よりも、ああいう客のくれた当たり馬券の三千円の方が心がこもっている。三千円しかない客が三千円を俺にくれるというのは、よっぽど俺の芸を気に入ったからこそなんだぞ。これが本当のお客さんというもんだ」

「親父、おかしな芸論はよせよ。俺なら金持ちの社長がくれる一万円の方がいいよ。だって一万円に当たりはずれはないもん。親父だってそうだろう。たまたま馬券が当たっていたからそんなことが言えるんだろ。もしはずれ馬券だったら俺にどんなご教訓を垂れるんだい」

「まぁ、そう言やそうだな。やっぱり一万円のほうがいいかな」

「なんだよそりゃ、馬券より一万円の方がいいっていう話かい、何の蘊蓄《うんちく》もないじゃないか」

親父は浅草から合羽橋、言問通りあたりにたくさんの呑み屋の贔屓《ひいき》がいて、タダで呑ませてくれる店がたくさんありました。「お父さんは面白いから、いつでも来てよ」と店のマスターに言われて、親父も機嫌よく、小まめに店を廻っていました。そこに私や、たけちゃんが付いて行くわけです。私は、呑ませてもらうと、サービスでマジックを見せて、客に簡単なマジックを教えるため、呑みに来ている社長は喜んで小遣いまでくれます。

ところがたけちゃんはおよそ客を乗せるということができません。初対面の人とは満足に話もできないのです。隣に座って私と話をしている分には面白い人なのですが、そこにいる人たちみんなが共通して楽しめるような話ができません。

よく中学校で、授業中に小声で周りの二、三人に話しかけて、めちゃくちゃ面白いことを言う人がいましたが、あれと同じで、小声でくだらないことを言う分には可笑しい人ですが、黒板の前に立って、堂々と話をするなんてできないのです。たけちゃんはいわば野次馬のような立場の人で、人と人の隙間で、無責任にくだらないことを言うから面白いのです。

ここに居る客を自分のものにして、また頻繁に酒をご馳走になろうなんていう才覚は天からないのです。それでも、夜になれば酒を呑みたいから、親父の誘いは断らずに付いて来ます。私は、どんな形であれ、傍にたけちゃんがいれば満足です。たけちゃんも、私のように、たけちゃんのぼけ話を先回りして、意図するところを汲んで、話を乗せようとす

る相手は有り難いのでしょう。しかし親父は、

「たけしは根暗だなぁ。お前は芸人なんだから、もっともっとばかばかしく陽気じゃないとだめだぞ。自分の世界に籠《こも》っていちゃあ売れないぞ」

と説教を垂れます。それを聞いてたけちゃんは、

「すいません」

と謝りつつ、肩をひくつかせていました。親父がたけちゃんに陽気に生きろと言ったって、たけちゃんがいきなり陽気になるわけがありません。

むしろ私はたけちゃんの暗さが好きです。この人はジキルとハイドのような二重人格なところがあって、舞台のたけしはたけちゃんの理想の姿。普段の内省的なたけしは、たけちゃん本来の姿です。普段のたけちゃんは地味で、劣等感の塊で、実に細やかに人の観察をする人で、いつでも心の中で面白いことを考えています。しかし、それを人前で語る人ではありません。確かに演芸場の舞台では、機関銃のように喋りまくり、客を笑わせていますが、たけちゃんがそうした全能の神に変身するには、彼の心の中で一大決心をして、全てを捨て去って、別世界に飛び込まなければできないのです。呑み屋で初対面のタコ社

長を前に、気軽に大変身などできないのです。

たけちゃんはいつも、舞台を終えると大量に汗をかいて、楽屋でしばらく放心状態になっています。同じ時間、舞台に立っているきよしさんは、大して汗もかかず、さっさと着替えて、ぱっと喫茶店に行ってしまいます。この違いは何なのか。きっとたけちゃんは、相当に無理して別人格に変身して舞台に上がっているのでしょう。そうなるために、たけちゃんはある瞬間、どこかで仮面をかぶるのです。だが、その仮面をかぶる瞬間が私には見えません。たけちゃんを知るようになってから、私にとってはここが大変な興味でした。

いつしか、私はたけちゃんを細かく観察するようになりました。すると徐々に、たけちゃんが分厚い仮面をかぶる瞬間が見えてきました。その瞬間については、次の章をご覧ください。

裸宣材写真の巻

1

演芸場の出演も二回目、三回目と回を重ねると、たけちゃんの悪戯《いたずら》の虫が騒ぎ出してきます。依然としてツービートは一本目の漫才ですから、客入れ前にたけちゃんは楽屋に入ります。演芸場の表には、大きな横広の立て看板が出ていて、そこに出演者の写真がずらり貼ってあります。ツービートは白いお揃いのタキシードで、二人で笑いながら写っています。どこにでもあるような若手漫才の宣材です。

ある午前中、たけちゃんは演芸場に来て、自分がポラロイドで撮った、素っ裸で勃起して立っている写真をツービートの宣材と取り換えました。ポラロイドですから写真は汚いし、ツービートと言いながらきよしさんは写っていません。

その日、私は何も知らずに演芸場の楽屋に入ると、たけちゃんが、

「表の写真見た?」

と聞いてきました。「知らないよ」と言うと、

「昨日撮ったんだよ」

と悪戯小僧のような顔をして、笑っています。これは何か仕込んだな、と思って表に出て見るととんでもない写真が貼ってあります。まだ演芸場の事務員は気づいていないようです。昼過ぎになって事務所から呼び出しが来ました。私が、

「支配人に怒られたでしょ」

と言うとたけちゃんは、

「支配人が、こんなものを表に貼るなって。マジになって怒るんだぜ」

「当たり前だよ。……でも面白いや」

後で事務所に行ったら、例のポラロイド写真がくずかごに捨ててありました。よっぽど拾っておいて、後世の証拠に取っておこうかと思いましたが、こんなものを持っていても仕方がないと思い直しやめました。今思うとあれは取っておくべきでした。

ただしこの先も、私はたけちゃんのちんちんを度々見ることになります。出すなと言っても出します。あんなシャイな人がなぜそういうことをするのか、理解できません。まさにたけちゃんの心の中にはジキルとハイドが潜んでいるのです。

私は通常演芸場に出る時には、一時間半前には入ります。マジックは、道具のセットが必要です。このころは私も真面目でしたから、入念なセットをし、事前に不慣れな部分を稽古したりしていました。演芸場が十二時に開始すると、私は三本目で、十二時半の出番です。私が演芸場に入るころ、たけちゃんは同じくらいに来ています。相方のきよしさんは出番の十五分前くらいに来ます。たけちゃんは真面目に、いつも大学ノートを持っていて、新しいネタを書いて、一人でノートを読んで暗唱しています。

舞台の上では次から次と今思いついたようにネタを喋っていますが、決して思いつきで話しているわけではなく、たけちゃん独特のコーディネートの法則があって、ちゃんと喋りの順番が決まっているのです。それを間違えないように、しっかり頭の中に入れておくために、まるで受験生が英単語を暗記するかのようにひたすら新ネタを記憶します。

驚くべきことに、前の晩、終電近くまで私と一緒に呑んでいたのに、翌朝には台本を書き上げています。だいたい酒を呑むというのは、面倒な仕事から逃れたいから呑むのであって、呑んだ後に台本を書くなんて信じられません。私が、

「この台本一体いつ書いたの」

「いや、家に帰ったら寝られないから書いたんだ」

なんと、酒を呑んでも全く頭の休まる時がないようです。この人は、クラスの優等生が仲間と暗くなるまで野球をした後、家に帰って、夜中にちゃんと宿題をするようなもので、やるべき用事は外さないのでしょう。見せてもらうと、台本は走り書きで、要点しか書いてありませんが、ネタは、小話の連続で面白い。

読んでいるうちに、きよしさんがやって来て、

「ちょっとネタ書いて来たから、合わせようよ」

とたけちゃんはきよしさんと打ち合わせを始めます。きよしさんは、元々細い目をさっきまで寝ていたのか一層細くして、めんどくさそうにつき合います。

たけし「先ずおいらが、『諺《ことわざ》には昔からいい言葉がありますよね。例えば猫にごはん』って言うから、きよしさんは、『それは猫に小判だろ。猫にご飯やったら猫は喜んじゃうじゃないか』と突っ込んでほしいんだ」
きよし「ああいいよ。そう言えばいいんだね」

た「そうしたら俺は『似たような諺で、ババアにバイブレーターって言うのもありますよね』って言うから。『そんな諺あるか』って言ってくれよ」

き「うん、わかったよ」

そう言って、打ち合わせを済ませて、舞台に上がります。

たけし「諺には昔からいい言葉がありますよね。猫にごはんとか」

きよし「そうそう」

た「お前そこはそうそうじゃないだろ。お前が『そうそう』と言ったらこの話は終わっちゃうじゃないか。そこは『違うよ、猫に小判だろ』と言わなきゃ話が進まないだろ」

と言うと、きよしさんは笑って「ごめん間違った」と言う。仕方なくたけちゃんが、た「猫に小判に似た諺で、ババアにバイブレーターってありますよね」

き「うん、うん」

た「お前また、そこでうん、うんって言っちゃいけないだろ。世の中に『ババアにバイブレーター』なんて諺あるわけないだろ、って突っ込めよ。このやろ」

と、自分で筋振って、自分で落としてしまう。これはこれで面白いから客は笑います。しかしこうなると漫才ではありません。たけちゃん一人が必死になって話して、きよしさんは適当に付き合っているだけです。大体この頃のツービートの漫才はこんなパターンが多くて、何でもたけちゃんが一人で喋ってしまいます。それでも、次から次とネタを繰り出すツービートの漫才に客は爆笑します。その頃のツービートの漫才は、

たけし「最近の子供は言うことを聞きませんよね。こないだなんか親戚の子供が来たとき、目の前を車が走って来たから、飛び込め、と言うのに、飛び込まないんですよ」

きよし「当たり前じゃないか、危ないだろ」
た「危ないったって、飛び込めば金になるじゃないか」
き「無茶苦茶言うな」
た「しかも今の子は根性がないからすぐに泣くでしょう」
き「今の子は弱いですよね、俺らなんか何言われても泣かなかったですよ」
た「嘘ですよ、こいつなんかうんこ出ないだけで泣くんですから」
き「やめなさいって」
た「それから、芸能界というのは先輩後輩の関係がやかましいんですよ。楽屋でもよく先輩に怒られます。こないだなんか先輩の上着から財布盗んだだけで怒るんですよ」
き「当たり前だろう。人のものを盗んでどうするんだ」
た「ところで最近どうした、彼女ができたんだって」
き「まあね」
た「デートに行ったのか」

き「まだなんだ」
た「今から練習しておこう。俺、彼女の役をやるから。公園のベンチに二人で座っているところをやってみよう」
き「たけ子さんようやく二人っきりになれましたね。もっとこっちに来ませんか」
た「えぇ、でも」
き「もっとこっちに来てください。寒いでしょ」
た「いえ寒くありません。うんこ我慢してますから」
き「よしなさい」

相変わらずネタは細切れ、単発の羅列です。必ず新しいネタを書いてくるので、客も関係者も大喜びです。いつも客席の壁にズラリ同業者が立って見ています。楽屋に行くと相変わらず、たけちゃんは裸でぼやーっと放心状態になっています。
私は、たけちゃんは普段シャイな人なのに、舞台で思いっきりハイになれるのはなぜなのかがわかりませんでした。だいたいお笑いの人というのは、舞台の上は面白くても、普段は内気で、まともに人と話もできないような人が多いのです。舞台の大胆さに比べて、その心の内を見ると、ものすごい葛藤があって、毎回、まるでバンジージャンプでもするかのような決断をして舞台に上がっています。彼らはどこかで仮面をかぶらなければ別の人格にはなれません。例えばコントをする人などには、扮装をしたり、化粧をしたりすることで徐々に別人格を作って、自分が別人なのだと言い聞かせることで大胆になれるという人がいます。

漫才の大看板のWけんじの東けんじ師匠は、レンズのない縁だけの眼鏡をして出てくることで、普段の自分から変身します。つまり東けんじ師匠にとっての仮面は縁眼鏡で、それがなければ漫才ができないのです。ある日、縁眼鏡を忘れたときは大慌てで、弟子が探しまくっていました。笑いを仕事にする人はみんな強烈な劣等感の持ち主で、それを克服するには自分がどこかで自分を突っ放して、第三者になりすまします。そのために仮面をかぶらなければなりません。

ところが、たけちゃんにとっての仮面が一向に見えません。いろいろ観察していると、あの人の仮面は喋りなのだと気づきました。出番前にネタを暗唱するところから仮面の準備が始まり、ひたすら喋り続ける事が仮面になっています。それゆえにたけちゃんの喋りは隙間なくびっしり笑いで固めなければなりません。ネタが止まったり、素《す》になったりすると、たけちゃんの笑いは機能しなくなります。

それはちょうど、小泉八雲の怪談「耳なし芳一《ほういち》」の芳一と同じで、毎晩幽霊が、琵琶法師の芳一を誘い、墓の前まで連れて行き、そこで平家物語を語らせる。ある時、先輩の僧が、幽霊の前で語っている芳一を見て、このままでは取り殺されると心配して、芳一の体の隅々まで念仏を書いてやる。翌晩、幽霊が出て来て、芳一を探すが、念仏の法力で芳一は見えない。

まさにたけちゃんはこれです。自分の体に、やくざや、ブスや、ババァ、うんこのネタを塗りたくることによって自分の姿を隠しています。ところが、喋りを間違えたり、漫才を終えたとたん、たけちゃんの法力が消え、たちまちしゅんとなって楽屋ででれーっとするのです。

実際、舞台で話が止まったり、筋を間違えたりすると急に、肩がひくひくしてきて、顔がぴくぴくしだすのです。本当ならたけちゃんは化粧をしたり、扮装をした方がのびのびと漫才ができるのかもしれません。素の顔で話すから緊張が止まらないのでしょう。たけちゃんが超人でいられるのは口からネタを語っているときだけなのです。無論それは若いうちだけだったと思います。世間に認知されてからは気持ちも安定し、緊張しなくなったようです。最近は肩ひくひくも顔ぴくぴくもしなくなりました。とにかく、私の見た、二十代のたけちゃんは現代版耳なし芳一そのものでした。

逆にきよしさんには仮面がありません。全く素のままで出てきます。ツービートのコンビ結成の時には、きよしさんの方が芸能界の先輩で、台本もきよしさんが書いていたと聞きました。

私が知ってからは、きよしさんは、全くたけちゃんに頼りっぱなしで、ネタのことは何にも関与しなくなっていました。それればかりか、先輩後輩の関係もいつのまにか立場が逆転して、たけちゃんの方が強くなっていました。それをきよしさんは不満に感じるわけでもなく、立場が入れ替わったことを素直に受け入れていました。こうした点はきよしさんという人にはこだわりがありません。自分の後輩でも才能があると知ると、すぐに子分役に回ってしまいます。

その後、たけちゃんから舞台で、馬鹿だの田舎もんだのと言われても笑っているのですから、これも立派な才能だと思います。

さて、勃起写真では飽き足らず、何か新たな悪戯を考えていたたけちゃんは、ある日、演芸場の出演者の衣装を無断で着て舞台に出るという悪戯を考え出しました。出演者の衣装は各楽屋のハンガーラックにそのままかけてあるため、朝来て、どれでも選び放題で着て出ることができます。そこで、毎回、着たい衣装を着て舞台に上がるようになりました。どうせ一本目の出番ですから、何を着ても先輩芸人にはばれません。これは面白いと思って、曲芸師の派手なタキシードや、よそのコンビの漫才の衣装などを着て舞台に上がっていました。そのうちそれでも飽き足らなくなって、アコーディオン漫談をする芸人の、衣装とアコーディオンを担いで漫才をするようになりました。

無論たけちゃんはアコーディオンを弾けません。ただ担いで来て、

「それじゃここらで一曲」

とかなんとか言って、アコーディオンを弾こうとしますが、もちろん弾けませんから、ただガーガーうるさいだけ。客は呆れて笑っています。ところが漫才のさ中、アコーディオン漫談の当人がたまたま早くに演芸場に入って来て、舞台を見てびっくり。

楽屋でたけちゃんに、

「困るよ。この楽器は高いんだから、勝手に触らないでよ」

と懇々《こんこん》と苦情を言ってました。翌日、楽器を見ると、新しい鎖で楽屋の柱に縛り付けて鍵がかかっていました。盗まれるのを警戒したようです。

他人の衣装を着て出ると、後で本当の持ち主が同じ衣装を着て出たときに変な笑いが起きるため、持ち主が気付いてたけちゃんは叱られました。それで、仕方なくやめました。

ある日、たけちゃんが演芸場に行ったら自分の衣装がない。さては、散々人に悪戯したから、仕返しに隠されたのかと思って、あちこち探しましたが、見つからない。もう出番間際になって、諦めかけていると、ハンガーラックの真下にある座布団を積んだ隙間に落ちていました。自分が雑にハンガーにかけたため、自然に座布団の隙間に落ちたのでしょう。衣装は縒《よ》れ縒れ、アイロンをかける時間がないため、縒れた衣装をそのまま着て舞台に出ました。楽屋の仲間はそれを見て、天罰だと言って、笑いました。

2

さて私の方は、子供のころから演芸場に出演していましたが、子供のころならロープ切りや、ハンカチの色の変わるマジックみたいなものでも客は喜んで見てくれましたが、十八を過ぎると、簡単なマジックでは通用しなくなります。特に、キャバレーの仕事をするようになると、もっとスピーディーで、迫力のあるマジックをしなければ酔った客は喜びません。

そこで、鳩出しを始めました。そのためには鳩を飼って、燕尾服を作らなければなりません。わずかなギャラから衣装を作り、先輩に習いに行って手順を作り上げました。この頃、演芸場の舞台でもしきりに鳩出しをやっていました。

キャバレーでは、一晩に二回ショウをします。一回十五分の演技で、内容を変えなければなりません。一回目の舞台が燕尾服を着て鳩出しになったため、立派になりましたが、そうなると二回目の演技が従来のロープやハンカチでは見劣りします。なにか鳩と並ぶようないいマジックはないかと色々考えているうちに、子供のころに習い覚えた手妻《てづま》（古典奇術）をやってみたらどうかと思い付きました。

日本には奈良時代から続く手妻の歴史があり、昭和四十年代までは、それを残している手妻師がいました。私は、中学生の頃、手妻師を訪ね歩いて、手妻を習っていました。しかしその当時、手妻は壊滅寸前の芸能でした。ただし、私の勘で、この芸はやりようによっては良くなるのではないかと思いました。道具や衣装に凝って、高級品に仕上げ、長口上を省いて、演技全体をスピードアップすれば、珍しいがゆえに、きっと見たいというお客さんも現れるだろうと思ったのです。さらにうまくすれば海外の仕事も手に入るのではと考えました。

そんな折、歌舞伎座から、市川染五郎（その後松本幸四郎、現、松本白鸚）さんに奇術を教えてほしいという依頼が来ました。歌舞伎の中で、余興として、簡単な奇術をするというのです。同じ松竹の会社ですから、歌舞伎座から、松竹演芸場に話が来たのでしょう。演芸場のプロデューサーである住田課長が、

「歌舞伎座に行ったらな。茂木ってぇのがいるから、挨拶しとけよ」

「誰です茂木さんって」

「歌舞伎座の支配人だよ。あいつはな、俺と同期で松竹に入ったんだ。要領のいいやつだから歌舞伎座の支配人になったけどな。俺の昔の仲間なんだ」

言われて出かけて行くと、茂木支配人は、大柄で太って、温厚で、見るからに松竹の重役然とした人でした。話し方を聞いただけでこれは歌舞伎座の支配人になる人だと実感しました。

それに比べて松竹演芸場の方は、課長と言い、支配人と言い、誰を見ても何となく人生を諦《あきら》めているように見えます。松竹演芸場の支配人から歌舞伎座の支配人に栄転することはありません。演芸場に送られるということは松竹の社員としては島流しに遭うようなものなのではないかと思いました。ただし、この私の思いは大きな間違いだったと後になっ

て知りました。

早速歌舞伎座に出かけて染五郎さんにご指導すると、舞台で着ている衣装が素晴らしい。あんな衣装を着て舞台をしたならどれほど立派だろうと思い、演芸場に戻って住田課長に相談して、歌舞伎の衣装屋さんを紹介してもらいました。当時の私にとっては目の玉が飛び出るような金額でしたが、キャバレーのギャラを貯めては衣装、小道具を少しずつ揃えるようにしました。この時の私の行動が、結果としてその後の人生を決める結果になりました。染五郎さんとはこの後、幸四郎となり、白鸚になった今もご縁が続き、手妻やマジックのアイデアを提供させていただいています。


その頃たけちゃんは、松竹演芸場に出る以外はほとんど仕事がなかったように思います。その演芸場のギャラがとんでもなく安かったのです。

当時演芸場は、一本目に出る漫才は一日コンビで千円でした。十日で一万円。そこから源泉千円引かれて、九千円。それをきよしさんがとぼけて五千円取り、たけちゃんには四千円渡していました。いかに昭和四十年代とは言え、一日四百円では交通費にしかなりません。全く呑んだり遊んだりする金などなかったのです。

私も親父も演芸場に出て、一日三千円、四千円取っていました。私などは大学生でしたが、何しろ十二の年から演芸場に出演していますから、そこそこのギャラになっていたのです。それからすれば、ツービートのギャラはあまりに気の毒でした。しかも私と親父には夜のキャバレーの仕事があります。

キャバレーは一晩二回のショウをして八千円くらいになります。当時のサラリーマンの月給が四万円くらいでしたから、月に七、八本もキャバレーがあれば楽に暮らしていけました。


ツービートはこれまでも何度かキャバレーに出たようです。しかし、全くうけなかったと言っていました。恐らくたけちゃんから見たなら、私や親父のように小まめにキャバレーに出て収入を得る芸人は羨ましかったのでしょう。たけちゃんは親父に接近して、

「親父さん、どうしたらキャバレーでうけるんですか」

「そりゃあ、普通に漫才をしていてもキャバレーの仕事は来ないよ。何しろキャバレーと

いうところは、酒を呑んでいる客が見ているんだもん。喋りはよほど巧くない限り聞かないし、キャバレーの客が喜ぶ話をしないと聞かないよ。俺みたいにギターを使って、替え歌を歌いながら漫談したり、うちの倅《せがれ》みたいに、バンドに演奏してもらって、音楽に乗って鳩出したりしないと、客は見てないよ。要するに音楽に乗せるか、目で見るもんがうけるんだよ」

と親父は能書きを垂れて、

「何だったら今晩、浅草のキャバレーに出ているから、どんな風にやるか見てみるか」

と言うと、たけちゃんは、見てみたいと言いました。親父は、演芸場を終えて、しばらく時間があるため、呑み屋に行って、たけちゃんを相手に芸論をぶっぱなしていました。

ところが、大分親父が出来上がってしまって、

「親父さん、大丈夫ですか、そんなに呑んで、舞台に響きませんか」

「大丈夫だよこれくらいの酒。俺なんかもう三十年以上舞台やってるから、ネタなんかそらでも言えるよ」

とかなんとか言って、キャバレーに行くと、歩いていてもふらふらするような状態に

なっていました。親父にすれば久々後輩の前で芸論を語って上機嫌だったのでしょう。ところが、実際舞台に上がると、ギターはバンドと合わないし、喋りもおぼつかない。話の筋を語りだしても話が元に戻ってしまって、何度も同じ話になってしまう。ショウを終えて楽屋に戻ると、キャバレーの支配人が怒ってやって来て、

「酒呑んで舞台に上がるなんてとんでもない。同じ話ばかりしやがって、もう二度と来るな」

と言って、一回目のショウだけで追い出されてしまいました。翌日たけちゃんが私に、

「親父さんが酔っ払って舞台に上がっちゃってさぁ、曲は合わねえしよ。喋りは何言ってるかわかんねぇし。終《しま》いに店からは追い出されるし、俺、一緒にいて困っちゃったよ」

と言いつつも、たけちゃんにすれば面白い話を見つけたとばかり、大笑いしていました。

しかし息子としてはみっともない。そこで親父に文句を言うと、

「そうなんだよ。どうも俺も酒が弱くなったなぁ」

「酒が弱くなったじゃあないよ。出番前に酒を吞むことがそもそもいけないんだ。もっと真剣に舞台やったらどうだい」

「お前なぁ、俺の芸は奇術じゃないんだから、真剣にやって面白い芸になるってもんじゃないんだ。適当に一杯ひっかけてやったぐらいがちょうど面白いんだ」

「何言ってるんだよ。ちょっと呑んだじゃあないだろう。同じ話何回もするようじゃ、しょうがないじゃないか。親父も焼きが回ったなぁ」

と、五十を過ぎた親父に基本的な話をしなければならないのは正直情けない思いでした。

ある日呑み屋で、たけちゃんが、

「なぁ、どうしてジュニアはお笑いをしないの」

「うん、それは親父があまりにだらしがなくてさぁ、戦後すぐくらいは売れたらしいんだけども、そのあとは売れなくって、俺が幼いころはひどい貧乏をさせられたんだ。昭和四十年ころからキャバレーの仕事をするようになって、ようやく家の暮らしは良くなったけどね。その親父の姿を見ていると、お笑いは売れたとしても寿命は短いし、金が残るってほど稼げないしね。これじゃ継ぎようがないと思ったんだ」

「じゃ、なぜマジックを始めたんだい」

「芸人の息子だから芸事は大好きだったんだ。特にマジックは好きで、親父に頼んで楽屋の奇術師から小ネタを貰ったりして、一人で稽古をしていたんだ。そのうち親父が面白がって、自分の舞台の合間に出してくれたんだ。まだ十一だよ。そうしたら、当時は子供でマジックをするなんて珍しかったから、すぐに仕事が来たんだ。お陰で、学校を終えるとネクタイ締めて、道具持って、舞台の仕事に出かけていたよ」

「で、この先もマジックをするの」

「うん、幸い、マジックや曲芸は技物《わざもの》だから、しっかり芸を覚えれば結構仕事が多いからね。ギャラも勤め人の二倍は稼げるから、このままやっていこうと思っているんだ」

「でも、親父さんはいい味出してるぜ。ネタも面白いし、跡を継いでもいいんじゃないの」

「いや、跡を継ぐったって、継ぎようがないよ。漫談のネタ書いた原稿用紙はたくさんあるけど、古いネタじゃ使えないし。親父は面白い人だけども、それはあの小さい体で、大きな頭だから、親父のキャラクターが面白いんで、俺が親父のネタをそのまま言っても、性格が違うから全然面白く聞こえないよ。やっぱり漫談というのは一代の芸だと思うんだ」

たけちゃんと呑んでいて楽しいのは、たけちゃんの世の中の見方が明快なことです。

「左とん平さんがポーカー博打《ばくち》で捕まって、すぐにテレビに復帰できたでしょう。以前に漫談の東京ぼん太さんが同じように博打で捕まって、もう五年くらいになるのに、なんで復帰できないんだろう」

「小さいんだよ」

「え、ぼん太さんが?」

「うん、小さいからつぶされるんだよ。大きかったらつぶされないよ。横山やすしさんだってそうじゃない。傷害事件起こしたってなんだって、すぐにテレビに復帰するじゃない。大きくなったらつぶされないんだよ」

「じゃあ東京ぼん太さんはもうテレビに戻れないんだ。面白い人なのになぁ」

「多分無理だろうな」

この時、私は、物の理非ではなく、人の大小で明快に世の中を語るたけちゃんに驚きました。私はこの時のたけちゃんの言葉が強く心に残りました。そして十年後。たけちゃんがフライデー事件を起こした時に、すぐにこの言葉が蘇《よみがえ》りました。大物なら復帰できる。

確かにたけちゃんは復帰しました。身をもって実践してみせたのです。

私は、新宿の小さなスナックで「マンザイ」という店にほとんど毎月一回出ていました。ここは宮田洋容《ようよう》さんという、かつて売れた漫才の師匠が、高齢になってから開いた店で、毎晩一本若手の芸人をゲストとして出していました。この晩、私のショウに、たけちゃんが付いて来ました。たけちゃんも自分なりに生活をなんとかしないといけないと考えていたのでしょう。

この店は酒を呑ませる店でしたが、オーナーが漫才師だったので、お客さんをきっちり躾《しつけ》ていて、余計なヤジを飛ばさないように気を遣ってくれます。ここならたけちゃんが漫才をしてもうけるだろうと思いました。

たけちゃんは一部二部ともショウを見て行きましたが、そういう場に来ても、オーナーに「出してください」と頼もうとはしません。ただ黙ってショウを見ているだけです。そもそもたけちゃんが私の仕事場を見たいと言うから連れて来たのに、実際、酒を呑んでいる客を見るともうやる気がしないのでしょう。明らかに不快な顔をしています。でも、そんなことを言ったら仕事になりません。

そこで、私はたけちゃんを舞台に引っ張り上げて、

「この人はツービートという漫才です。今浅草松竹演芸場で一番うけている漫才ですよ」

と言って紹介したのですが、恐らくいきなり呼ばれたために、たけちゃんの変身システムが作動しないのでしょう。おどおどするばかりで、少しも面白いことが言えません。まるで借りてきた猫のようになってしまいました。これではオーナーがツービートを使おうとは言いません。私は、「何と不器用な人なんだ」と思いました。帰りの電車の中で、

「あの店はよく漫才やコントの若手を使ってくれているよ。一晩やってコンビなら一万円くれるよ。頼んで一度出してもらったらいいんじゃない」

「うん、一万円は助かるなぁ。その時はまた一緒に行ってくれよ」

と言ったきり無言になってしまいました。私は横目でちらりとたけちゃんの横顔を見るとなんとも寂し気な表情をしています。

私は常々、仕事はどこかで理想と現実を切り離して考えなければいけないんじゃないかと思っていました。とにかく収入を得ることが先で、その後で自分のしたいことをしたら

いいと思うのですが、たけちゃんはそのように割り切って生きることはできないようです。

寂しそうに暗い窓の景色を見つめているたけちゃんを見て、

「この人、これで芸能の道で生きていけるんだろうか」

と、心配になりました。

乞食に金を借りる の巻

1

演芸場の正月興行に、私とツービートが出演することになりました。いつもの通りツービートは一本目。私は三本目。一本目からすでに満席ですから、ツービートは上機嫌です。何を喋っても、客の笑い声が大砲のような響きで帰って来ます。私は演技が終わると、毎日たけちゃんと二人で、近くのロッキーという喫茶店に行き、二回目の開始までお茶を飲んだりホットドックを食べたりしてつないでいました。

何にしても正月の浅草の人出が半端なく凄く、演芸場はおよそ五百人入る劇場ですが、正月に儲けなければ稼ぐ時がないと、とにかく切符を売って人を入れます。五百の席は開演一時間もすると立ち客を含めて七百人くらい入って満席、それでも切符を売って、ロビーにまでびっしり客を入れます。

ドアは開けっぱなしですから、ドア近くにいる客は中が見えますが、壁側に押し込まれた客は、中の声が聞こえるだけで何も見えません。こうなると客も文句を言います。すると切符のもぎりのおばさんが、下の事務所に電話をします。

「支配人、もうお客が入りませんよ。お客文句言ってますよ」

すると、遠藤支配人という、背の高い、体のがっちりした人が、

「よし、ツービートを呼んで来い」

と指示を出します。するとロッキーに、

「ツービートさん、ツービートさん、松竹演芸場から電話です」

と店内放送が入る。たけちゃんが電話に出て戻って来て、

「しょうがないよなぁ、もう一回やってくれって言われたよ」

「何、もう一回って」

「通常の出番に関係なくもう一回出るんだってさ」

と言ってしぶしぶ演芸場に戻って行きました。演芸場は、これ以上お客が入らないものだから、十四本ある演芸番組の真ん中、七本目くらいでもう一度一本目のツービートを出すのです。すると、朝一番から座って見ていた客が、

「あ、これ見た」

と言って立ち上がり、外に出てしまいます。お陰で、今まで立っていた客がその席に座れるわけです。一遍に客席が入れ替わるから、場内は大混乱で漫才はやりにくい。しかしそんなことは事務所の知ったことではありません。百人や二百人のお客が早とちりして帰るため、また表は切符を売り始めます。天下の松竹が、まるで江戸時代の小屋掛け興行のようなインチキ商売をやって荒稼ぎをしていたのです。お陰で五百人収容の劇場が一日二回興行をして、二千人も入れてしまいます。

その分ツービートは一日四回も出なければなりません。

「俺、正月の出番がこんなに大変なものだって知らなかったよ」

気の毒に、ツービートはゆっくり休憩することもできずに、元旦から六日くらいまでは連日四回出演です。そして千秋楽に、ギャラを貰いに行くと、ツービートのギャラは通常と同じでした。そこでたけちゃんは私にぼやきました。

「ジュニアよう。そりゃないと思わないか。一日四回出て、平月と同じギャラだぜ。あんなにお客が入ってるんだから、少しくらい余計出してくれたっていいだろう」

「本当だ、これはひどい。よし、俺が掛け合うよ。一緒に住田さんのところに行こう」

私は当時二十一でしたが、なんせ親父が演芸場の主ですから、課長とも、支配人とも普通に話ができました。住田課長というのは、長いこと演芸場の支配人をしていて、定年が延長になって、課長になり、個室を与えられました。

演芸場は建物の地下に全ての楽屋がありました。階段を降りると、正面奥に大部屋があり、大部屋に行く廊下の右に色物《いろもの》（奇術、曲芸などの芸）がよく使う楽屋があり、左に課長の部屋がありました。ちなみに、事務所は階段の右隣にあり、事務所の周囲に幹部部屋など、都合六つ楽屋がありました。建物そのものは戦前のもので、どこもかしこも古びていました。課長の部屋は、十年ほど前までは元演芸場の司会者の佐々木つとむという人が、食えなくて、そこで寝起きして、司会をしていました。

佐々木つとむさんは、努力家で、陽気で、声帯模写がうまく、人あたりのいい人でした。人気が出てから演芸場をやめ、ひところはテレビに出て良く稼いでいました。

ところが、その人気のさ中にベッドの上で女に刺されて死んだのです。一時、あんな人あたりのいい人がなぜ刺されたのかと楽屋は大騒ぎでしたが、その人が寝起きしていた部屋が今は、綺麗になって課長の部屋です。別段この部屋で刺されたわけではありませんから、夜に佐々木つとむさんが出てくることはありません。課長は普段は柔和な人ですが、旧帝国陸軍将校として戦争に行った人ですから、体が大きく、よく太っています。ただしこのところは糖尿病を患い、歩くときもよろよろしています。

たけちゃんと二人で住田課長の部屋に行き、私が、

「課長、ツービートは正月から一日四回舞台やりましたよ」

「良かったなぁ、四回も出たらずいぶん勉強になったろう」

「いや、その、勉強にはなったと思いますが、疲れたって言ってますよ」

「うん、ご苦労さん、お疲れさま」

「いや、あの、課長、あんなにたくさんお客が入ったんですから、少しはツービートのことも考えてやってはどうでしょう」

「考えてるよ。いつも考えてる」

「いや、考えてばかりいないで、形に見えるようにしてやったらどうです」

「なんだ、形って、どうしてほしいと言うんだ」

「いや、あの、ギャラを少し」

「何、今何と言った？　何のことだ」

　するとたけちゃんが、

「いえ、あの、別に何でもないんです。ジュニアがなんか言ってやると言うから来たんですが、俺は別にどうでもいいんです」

「そうか、どうでもいいってツービートが言ってるぞ」

「いや、それはないよ。じゃ俺はどうしたらいいんだ」

　せっかくツービートのために掛け合っているのに、たけちゃんがさっさと逃げてしまって、これでは二階に上がって梯子を外されたも同じです。ばかばかしい。

2

　浅草の映画街に巣を食っている乞食で、キヨシというのがいました。年齢は不詳です。体が小さくて、髪の毛は伸ばし放題の汚れ放題。髭も伸びっぱなし。なりは一年中同じもの。汚いと言えば汚いのですが、何とも愛嬌がありますから、浅草の飲食店に可愛がられて、食べるものを貰っています。演芸場はレストランや呑み屋に毎月ビラを配っているので、そのビラを飲食店に貼ってもらう代わりに招待券を店に配っています。そのタダ券を店から貰って、キヨシは毎日のように演芸場に来ます。キヨシの座る場所は決まっていて、二階座席の上手の先端で、もう舞台の出演者と手が届くくらいのところにいつも座っています。

演芸が大好きで、別に悪さをする乞食でもないし、少し臭いのを我慢すれば悪い奴ではありませんから、演芸場は出入りできました。シャイな男ですから決して楽屋には入ってこないし、芸人にたかることもしません。いたって躾のいい乞食です。

このキヨシの生き方が面白いと言って、当時ラジオ番組を持っていた俳優の小沢昭一さんが自分の芝居のために、井上ひさしさんに『浅草キヨシ伝』という台本を依頼しました。浅草の乞食の毎日を面白おかしく人情ドラマに仕立てたものです。これが珍しくて芝居は当たり、小沢昭一さんはキヨシにお礼として金を渡したそうです。一説によると五十万とも聞きました。

そんな大金を手にしたことのないキヨシは、大喜びで、毎日自動販売機の前でしゃがみ込んでビールや酒を飲んで豪遊しました。その姿を見ていたたけちゃんが、キヨシに借金を申し込むと、キヨシは気前よく一万円貸してくれました。たけちゃんがその金を何に使ったのかは知りませんが、キヨシにすれば、いつまでたっても返してくれないので、業を煮やし、演芸場のいつもの席から、ツービートが出てくると、

「たけちゃん待ってました。金返せ！」

と言いました。演芸場の客はみんなキヨシを良く知っていますから、ネタとネタの間で、まるで合いの手のようにキヨシが、小声で遠慮がちに「金返せ」と言うのがおかしくて、よくうけていました。その後、たけちゃんが金を返したかどうかは知りませんが、キヨシの悲痛な叫びはしばらく続きました。たけちゃんは乞食から金を借りた男として演芸場で有名になりました。実は、この本のタイトル『たけちゃん、金返せ。』は、このキヨシのセリフからパクらせていただきました。


さてキヨシが、まだ金がある時に、浅草ロックの映画街で、私の親父を見つけて、

「師匠、一緒に酒を飲もうよ。俺がご馳走するからよ」

　と言いました。親父は、

「珍しいなぁ。どうしてそんな金があるんだ」

「金ならあるんだよ。俺は金に困ったことがないんだから」

「本当かよ。珍しい乞食だなぁ。まぁ、それじゃあご馳走になろうか」

　と、映画街の自動販売機の脇でキヨシと酒を飲んでいると、いい加減気持よくなって来て、

「何だか家に帰るのが億劫《おっくう》になったなぁ」

「それじゃあ俺んちに泊まるかい？」

「キヨシの家かぁ、どこに住んでるんだよ。行ってみようか」

「いや、動かなくてもいいよ。俺が持ってくるから」

「持って来るって、お前、それ段ボールじゃないのか？　おいおい、いくら何でも俺がキヨシと一緒に段ボールに寝ていたら、仲間にいよいよ南けんじも落ちるところまで落ちたって言われるじゃないか。駄目だそんなの。やっぱり帰るよ」

親父がここで帰ると決断してくれたことは私にとっては救いでした。もし、親父がキヨシと一緒に段ボールにくるまって寝ている姿を、仲間の芸人に見られたなら、これ以上の悲惨な状況はありません。まだ親父に理性があったことを親父に感謝しました。

漫才と付き合う時は、喫茶店に行くのでも、一杯呑みに行くのでも、コンビで誘ってはいけないという不文律があります。漫才は常にコンビで動いているため、休憩時間くらいは別々にいたいのです。仕事以外の時には互いに関与しないことがコンビの関係を長く保つ秘訣です。私とたけちゃんがロッキーでお茶を飲んでいると、きよしさんはロッキーには来ません。別の喫茶店にいます。互いにどこで遊んでいるかは伝え合っていますが、常に距離を置いています。贔屓《ひいき》客などはこれを理解しないで、漫才コンビで呑みに連れて行こうとします。コンビで並んでいれば他の客が見たら誰だかわかるため、連れて歩いて優越感に浸れるのでしょう。しかしコンビにとってはこれが苦痛です。相方に気を遣い、客に気を遣うため、楽しく呑めないのです。

そもそもコンビというのは生活も趣味も全く違う人が多いのです。ツービートも同様で、たけちゃんと呑むときは、呑み食いできるところに行きます。呑み食いしながら、少人数の知り合いとばかばかしい話をするのが好きなのです。そこに知らない会社の社長がいたりすると、たけちゃんの喋りは急にしぼんでしまうのです。

これがきよしさんとなると全く逆で、きよしさんは客と積極的に呑みます。女友達も多く、中にはレズビアンもいます。おかまもいます。おかまはまだしも、レズビアンときよしさんがどういう付き合い方をするのかよくわかりません。

以前きよしさんにレズビアンのスナックに連れて行ってもらったことがありますが、店に入ると、何となく男に対する目が冷淡なのを感じます。店のママ（パパかもしれません）もお客も、私らを「何しに来た？」という目で見ます。しかしきよしさんはそんなことはお構いなし。楽しそうに呑んでいます。要するにきよしさんは何でもアリなのです。小遣いをくれる人はみんないい人なのです。

行く先々の店に贔屓がいて、見知った社長を見つけると、

「社長このあいだはどうも」

とすり寄っていきます。上手いこと社長の懐に入り込んで、社長をおだてると、社長もきよしさんの呑み代を払ってくれます。この人は結構周囲の人から可愛がられるのです。

きよしさんは呑んで出来上がると、つき合っている女のアパートに行きます。どうも複数の女と付き合っているようです。この晩はバスガイドのアパートに行きました。夜遅くに行って、女にビールとつまみを出させて、そこで何の理由か分かりませんが、女に説教を始めます。きよしさんは酒を飲みながら、女に説教をするのが趣味らしいのです。女は素直に正座をしてきよしさんの説教を聞きます。ところが言っている内容がよくわかりません。理屈にならないような理屈を山形弁で言います。それを女は素直に聞いています。

たぶん女はきよしさんに惚れているのでしょう。女の母性本能で、きよしさんを包み込んで素直に従っているのだと思います。しかし、あえて私は言いたい。まともに働いている女から小遣いをもらっている立場の若手の漫才師が、女に説教できるでしょうか。

江戸時代の滑稽本に『古今百馬鹿』というのがあります。馬鹿ばかり並べた読み物です。その最たる馬鹿に、太鼓持ちの説教というのがあります。太鼓持ちは人に説教できる立場にありません。太鼓持ちはどんな人に対しても説教できないのです。もし説教したなら、馬鹿の最高峰、馬鹿のチョモランマです。しかし今、目の当たりにしている光景は、女から小遣いをもらって暮らしている若手漫才師が、女に説教しています。これぞ江戸の百馬鹿の現代版です。

しかもその説教につき合っている私は一体何者でしょう。まるで、『古今百馬鹿』別冊付録ではありませんか。冗談じゃない。こんな所で無駄な時間を使っているから私は立派な奇術師になれないのです。何とも情けない。

しかし見ようによっては、きよしさんという人は芸人臭い人です。恐らく複数の女と付き合って、小遣いをもらっているのです。こんな芸人につかまった女は不幸でしょうか、いや、女は不幸とは感じていないでしょう。山形生まれの、優しい青年の、農業で鍛えたたくましい腕に抱かれて、時にたけちゃんの考えた漫才の小話を耳元で語られて、笑わせてもらい、これはこれできっと幸せなのでしょう。立派に人に夢を与えているのです。

ツービートを見ていて、二人に共通することは、貧乏臭さがありません。きよしさんは女から小遣いをもらって生きているくらいですから、身なりはいつでも綺麗にしています。たけちゃんの金の出どころは謎ですが、多分、芸人になる前にタクシーの運転手などをしていたと聞いていますから、稼いだ金を貯めておいて、少しづつ崩して小遣いに充てていたのではないかと思います。何であれ、身なりが綺麗というのは重要なことです。

3

しかしなかなかツービートは芽が出ません。演芸場に出るようになって早二年。関係者には少しその名を知られてきましたし、テレビ関係者も少しずつツービートに興味を持ってくれて、時々テレビに出るようにもなりました。しかし売れません。売れない理由は明白で、ネタが汚いことでした。

当時のテレビ局はまだ真面目で、下品なネタや、差別ネタはタブーだったのです。演芸場のお客さんにはツービートはよくうけていますが、それでも中には下品だと言って嫌悪感を示す人もいたのです。

たけちゃんと酒を呑んでいるときに私は、

「うんこや、ブス、ババァネタを少し控えたら、きっとテレビの仕事も増えると思うよ」

するとたけちゃんは珍しくむきになって、

「俺は、そんなこと関係ないと思うんだよ。ネタにタブーなんてないよ。漫才なんて面白ければそれでいいと思うんだ。客はそれ以上のものを求めていないもの」

「いや、お客はそうかも知れないけど、使う側の人は困るよ。テレビ局だって、芸能事務所の社長だって、苦情が来たら困るから、苦情の来る漫才は使えないよ」


たけちゃんは異常なほど世間のタブーにこだわっていました。タブーという言葉を目の敵にしていました。たけちゃんにとって世間のタブーは、ドン・キホーテの風車《ふうしゃ》に匹敵します。

ドン・キホーテは騎士道に憧れを持つ時代錯誤の貴族です。その当時ですら誰も着ることのなくなった重い鎧を身にまとい、長い槍を持ってロバに乗り、街中を彷徨《さまよ》います。街の人々は馬鹿扱いです。しかしドンは本気です。本気を示すために、時に風車を敵の大将と見立てて、ロバと従者と共に風車に突進します。無論、大怪我をします。当人にとっては風車であれなんであれ、本気になって体当たりをする姿が、騎士道の美学に合致するから突っ込むのです。もちろん、第三者から見たなら変人です。

同様にたけちゃんです。世間と戦って笑いのタブーをぶち壊したいと思っています。その思いはドン・キホーテの騎士道精神同様に崇高です。でも、現実に、世間のタブーを突き崩す武器が、ババァ、ブス、やくざ、うんこでは迫力に欠けます。いくら面白くてもこれで支持者は現れません。使う側も当惑します。結局たけちゃんは、その後も言いたいことを無責任に言う危険な人とみなされて、仕事が発生しないのです。

たけちゃんの腹の中では何とか三十までには売れたいという、自分なりの人生設計があったように思います。度々たけちゃんと話をすると、年齢のことをとても気にしています。二十五歳で深見千三郎さんの弟子になり、フランス座のエレベーターボーイになりましたが、この時点ですでに、同僚と比べたならはるかに遅れたスタートだったと気づいたのです。

それから演芸場に出られるようになって、今はもう三十です。当人は、はっきりと出遅れていると思い込んでいます。笑いで生きる人は、二十代までに名前を売らないと、あとは、いてもいなくても同じことだと思い込んでいます。

　唯一、例外は落語で、四十を過ぎてから、人気の出てくる人がいます。落語が中年以降から光ってくるのは、落語は笑いが目的ではないからです。市井《しせい》を語り、人物描写を表現することで観客の目の前に3D画像を作り上げ、その世界に観客を引き込んでから、じっくり面白い話をする。その世界を作るために数々のテクニックを必要とします。その習得に時間がかかるのです。とても二十代の若者では表現し切れない世界です。芸能として成熟するために時間がかかるわけです。第一、古典落語の話の内容は、江戸時代、明治時代を語ります。そんな話をするのに、二十代の若手が出て来て、

「えー、昔はってぇと、吉原てぇところがありまして」

　なんて言っても、嘘になります。それなりの年齢の人が、テクニックを駆使して語らないと、それらしくは聞こえません。一方、奇術曲芸は、いわば職人芸ですから、技術がちゃんとできていれば仕事になります。従って知名度がなくても、今を摑んでいなくても、技さえできていれば仕事はきます。そのため売れることにはあまりあくせくしません。

　しかしお笑いは、話の内容が生物《なまもの》ですから、今売らなければネタが古くなってしまいま

す。漫才やコントをする人は、今が勝負なのです。早く世に出て知名度を確立し、その余力でテレビの司会をしたり役者になったりして生きていきたいと考えているのです。その考え方が正しいとするなら、三十のたけちゃんは危ういところに来ています。

たけちゃんは、普段見ている分には楽屋でばかばかしいことを言って、夜は酒を呑んで、勝手気ままに生きていますが、時折心に隙間ができると、忽然と不安が表に出てきます。酒を呑んだ帰りに、それまで陽気に楽しそうに呑んでいたのに、浅草国際通りの真ん中に大の字になって寝っ転がり、大声で、

「俺を殺してくれ」

と叫んだりします。一体何があったのかと周りの仲間は驚きますが、心の内ではこのまま売れないなら死んでしまいたいと本心で思っていたのでしょう。実際、車の多い国際通りで寝っ転がったなら確実に轢《ひ》かれてしまいます。本心で、死んでもいいと思っていたに違いありません。

仲間は、いつものたけちゃんの無茶苦茶なパフォーマンスだと思っていたようですが、私にはたけちゃんの心の叫びが聞こえました。こんなに強い意志を持って、世に出たいと

願っている人が、世間から認められないというのは、さぞや苦しい日々だったと思います。

4

お笑いという職業は、ちょうど大学入学試験を済ませた学生のようなもので、散々努力をした後、合格の発表を指折り数えて待っているようなものです。大学なら発表日が決まっていますが、芸人には発表日がありません。いつ来るとも知らない合格通知をひたすら待たねばなりません。合格通知とは、すなわち世間に認知されるということです。それがついぞ来ないまま終わる人がほとんどなのです。

これは以前、楽屋で古い漫談家が若手を集めて話していたことの受け売りですが、

「楽屋には一羽の鳩が住んでいるんだ。鳩はいつもは高いところにいるんだけど、たまに降りてきて、芸人の頭に留まる。すると、鳩の留まった芸人は突然売れ出すんだ。当人にすればなんで売れたのかわからない。いつもと同じことをしているんだけれども、急に人

気が出てきて、金がたくさん入ってきて、周りに大切にされるんだ。ところが三年もすると、鳩はまた別のところに飛び立って行く。すると今まで売れていた芸人は元の売れる前の生活に戻るんだ。飛び立った鳩は次の芸人の頭に留まる。そうするとその芸人がまた、突然売れ出すんだ。当人にすればどうして売れたのかはわからない。芸の世界はこれをずっと繰り返すんだ」

何とも悲しい、寂しい話ですが、こういう話を聞いて、無常を感じたり、芸のはかなさを感じる若手などはほとんどいません。若い芸人は、ただただ、

「三年でもいい、一度でもいいから売れてみたい」

と思うのです。売れた先がどうなろうと関係なく、ただ、何としても売れたいと思うのです。

私が子供のころから演芸場の楽屋に出入りしていて、有名になっていく人を見ていると、知名度を得た人は、楽屋廊下の鏡の前でネクタイを直している姿を見ても、体中から独特の光が出ていて輝いて見えます。ついこのあいだまで光なんて全くなかったのに、ある時

から輝きだすのです。晴乃チック・タックさんしかり。コント・ラッキー7さんも、コント55号さんも光っていました。舞台に上がる時でも、演芸場の上手にはガラスの名札入れが柱に埋め込んでありました。裏方が、後ろから前の出演者の名札を外して、次の出演者の名前を入れたとたん、有名人になると、客席がざわつきます。

コント55号のときには客席が騒然となりました。二人が出て来ても、客席が騒いでセリフが言えません。仕方なく萩本欽一さんは、上手の柱と下手の柱を飛び蹴りしながら走り回っていました。それだけでも客席は大喜びでした。私はこの時中学一年生でしたが、売れるということはこういうことかと驚きの目で見ていました。

それが、三十になって、まだ頭に鳩が留まらないとなると、何となくイライラしたり、諦めの人生に入ってしまったりします。たけちゃんは呑むとよく、「結局俺は、浅草の狭い仲間の間で、噂として語られていくうちに人生を終えるのかなぁ」などと、真剣な顔でぼやいていました。

私はたけちゃんの芸を愛するものとして、

「何でそんな風に考えるの。たけちゃんは絶対他人にはない才能を持っているよ。いつかきっと認められると思うよ。今だって、演芸場の中で一番うけてるじゃないか」

私のような、世間で全く力のない、何の影響力も持たない奇術師の言葉ですら、この時のたけちゃんにとっては救いだったと見え、私の言葉を聞いて素直に喜んでいました。たけちゃんが悩みに入ったときには、素早くぱっと明るい話題に切り替えてやらないと、放っておくとどんどん深い闇の中に入って行ってしまいます。

本来なら、刺激の強いネタを少し控えて、周囲の仕事関係者に気を遣い、そつのない舞台をすれば、結構仕事が来るはずなのに、そんな器用な生き方はたけちゃんにはできないのです。

まるで、小さな子供が何か欲しいものがあると、ただ欲しい、欲しいと言いまくるように、たけちゃんは、今ありのままの自分をそっくり評価してもらいたいのです。どこ一つを削ることなく、すべてを認めてもらいたいと、駄々をこねているのです。外見は弱気で卑屈ではあるけれども、心の奥では自分のしていることに絶対の自信を持っているのです。

だが、世の中は、何の実績もない若手の漫才師に、無条件で思いやりを持って、心の奥まで理解して使ってくれはしません。結局、チャンスもなく、実力も認められないままに演芸場の舞台でくすぶり続けているほかはないのです。

しかし、考えてみれば、世間との接点が見えず、自分の考えだけを押し通そうとして、仕事に恵まれず、悩み続けている、こんな芸能人は世の中にたくさんいます。路上でヒップホップダンスをする人、新劇の役者、道端のミュージシャン。多くの芸能人が、自分の思いがなかなか世間に理解されず、日々悩んでいるはずです。

偉そうなことを言うようですが、芸能は、ある程度できるようになってからが勝負どころだと思います。この道に入ってきた人は、そこそこ芸能を知っていて、うまく演じることのできる人たちです。自分がどう演じるかについてはよくわかっているのです。しかし、お客さんが何を求めているのかがわからないのです。自分の芸が、社会でどう役に立つのか、を突き詰めて考えていないのです。相手を考えないまま、したいことをしていてはやがては消えていくしかないのです。

ところで、浅草にはチャンスをつかめず苦労している若手を何とか面倒見ようとする人たちもいたのです。一六酒場の親父がそうでした。一六の親父は、演芸場のすぐ近くでカウンターだけの呑み屋をしていました。クジラの専門店ですから、メインの肴はクジラの刺身です。竜田揚げや、焼きそばにもクジラの肉が入っています。それにモツ煮込みです。

カウンターの脇に大きな鍋があって、みそ仕立てのモツ煮込みがいつでも煮えています。豆腐やモツは減るとどんどん継ぎ足して行きますから、鍋はいつも山盛りです。開店以来鍋は洗ったことがないんだと言っているお客がいました。煮込みの中から五十銭銀貨が出てきたと言ったお客もいました。鍋のことはともかくいつも賑わっています。

痩せて小さな親父が、毎日店の仕込みを済ませた後に、演芸場に来ます。見るのは決まって、一本目から四本目までの若い芸人だけです。毎日見ていて、うまくなったなと思うと、ビールケースに金紙、銀紙を貼って、金賞とか銀賞とか書いて、舞台の上にビールをケースごと置いてくれます。その上で、

「終わったら呑みにおいで」

と言ってくれます。金がなくて酒の呑めない若手にとっては有り難いことで、その晩だけは店でタダで呑ませてくれます。親父は、

「お客さん、この漫才はこの先きっと売れますよ。面倒を見てやってください」

と、カウンターの客に宣伝をしてくれます。浅草の客は、それならと、煮込みや、焼きそばを頼んで食べさせてくれます。この時代は、客も店の親父も情が深かったのです。

今では一六酒場は「捕鯨船」と名前を変えて、婿養子の河野さんが後を継いでいます。クジラの刺身や、煮込みは健在です。でも、たけちゃんが一六の親父に認められたのはだいぶ後になってからです。どうも親父は、昔ながらの、漫才の型をしっかり守って、芸にうまみのある若手が好きだったようです。そうした芸とは真逆にいるたけちゃんには、一六の親父と言えども、なかなか支援の手は来なかったのです。

フルチンで舞台を通るの巻

1

演芸場に出て二年も経つと、ツービートの漫才に多くの客が付くようになり、舞台に出ただけで拍手が起こるようになりました。ネタ作りは相変わらず精力的で、次々と新作を出していました。

たけし「いろんな漫才がいますけど、それぞれ特徴がありますよね。我々の漫才の特徴は、聞くと気持ちが暗くなるっていう特徴があります」

きよし「暗くなっちゃダメだろ」

た「我々なんか、こう見えても、舞台が終わると、この後、NHKやTBSなんか、いつも二人で見てるんですから」

き「見ていちゃダメだろ、出なきゃ」

た「こないだなんか道歩いていたら向こうにうんこがあるんですよ。近づいて見たらうんこ。手でつまんだらうんこ。かじったらうんこ。良かったですよ踏まなくて」
き「やめなさい」
た「夏になると海の監視員なんかのアルバイトがありますよね」
き「俺やったことあるよ」
た「よし、じゃお前監視員やれ。まず双眼鏡でおぼれている人を探せ」
き「おーい、向こうの方で人がおぼれているぞー」
た「男か女かー」
き「男だー」
た「ほっとけー」
き「ほっとけはないだろ。おーい向こうの方で人がおぼれているぞー」
た「男か女かー」
き「女だけどババァだ」
た「石抱かせろー」
き「無茶言うな。おーい向こうの方で人がおぼれているぞー」

た「男か女かー」
き「女だー」
た「美人かブスかー」
き「ブスだー」
た「散弾銃で撃てー」
き「やめなさいって」
相変わらずハチャメチャです。

ツービートは出番も二本目、三本目に出られるようになりました。そうなると私も四ツ目になり、一つ前にツービートが出ます。そこで二人の悪戯が始まります。ツービートが漫才をしているところに、私がマジックの道具を持って、そおっと後ろを通過していきます。

これは結構客にうけました。するとたけちゃんも負けじと、上着を脱いで、ランニングシャツ一枚で鳩出しをしている私の後ろを通ります。これも良くうけました。互いに後ろを通りっこしているうちは平和だったのですが、ある日、私が鳩を出しているときに客がどっと笑いました。通常鳩を出して客が大笑いすることはありません。

一体何が起こったのかと後ろを見ると、たけちゃんが素っ裸で後ろを通過しました。無論、チンは見せないように、軽く上着で隠していましたが、いくら隠しても歩くとチンもケツの割れ目も見えてしまうため、客は大笑いです。ついにたけちゃんのリーサルウェポンが出てしまいました。

こうなるとマジックは情けない。何を出しても客は喜ばない。鳩もトランプもチンには勝てません。私は楽屋に帰って素直にたけちゃんに完敗を認めました。

その晩一緒に呑み屋に行って、二人は上機嫌で夜更けに映画街を歩いていると、演芸場の前で遠藤支配人が気難しい顔をして立っています。

「おいたけし」

と支配人がたけちゃんを呼び止めました。たけちゃんはてっきり昼のフルチン事件がばれたと思い、小さくなっていると案の定、

「お前は舞台の上をフルチンで通ったろ」

「すいません」

「あれは面白いから、明日もやれ」

ええ？　いいの？　松竹演芸場の支配人はフルチンを許すんだ。私は驚いたと同時に、松竹演芸場の何でもアリの姿勢に感心しました。

ある日、私の友人の六本木さんから電話が来ました。彼は、群馬の大会社の御曹司です。明治大学のマジック研究会のＯＢで、アマチュアですが腕のいい男です。その彼が今度結婚するというのです。場所は帝国ホテルです。家がいいから、仕事関係者などを招いて盛大に披露宴をするのでしょう。結婚の相手はマジッククラブの後輩で真知子さん。どちらも良く知っている人です。その結婚式で私にマジックをしてくれというのです。ついては打ち合わせをしたいと言って、二人で演芸場に訪ねて来ました。六本木さんは、

「どこかで呑みながら話をしましょう」

と、行きつけの店「最上川」に行きました。そこにたけちゃんが付いて来ました。別段たけちゃんが付いて来る理由はないのですが、たけちゃんは酒が呑めるならとやって来た

のです。一緒に和気藹々《わきあいあい》と呑んでいるうちに、たけちゃんは、

「ジュニアの友達が結婚するんじゃあ、俺も一肌脱がなきゃいけないなぁ。何だったら、司会と漫才でもやってやろうかな」

誰も頼んでいないのに、司会と漫才をやろうとしています。そこで私が、

「あぁ、そうだよね。ツービートに漫才をやってもらったらいいよ。今一番面白い漫才だもの。是非出てもらったらどうだろう」

と話を向けると、六本木さんは少し躊躇しました。ツービートの漫才は演芸場で何度か見ているので、面白いことは知っています。ただ、たけちゃんの漫才には必ずうんこ、おしっこ、ブス、ババア、やくざが出てくるので、帝国ホテルの披露宴にはどうかな、と危惧したようです。

私は、たけちゃんが仕事を欲しがっていることは知っていますから、熱心にツービートを売り込みました。ところが、その最中に、たけちゃんは、横に座っている真知子さんの椅子の隙間に、手を入れて、尻をさわり始めたのです。真知子さんも初めは何があったのかわからなかったようですが、たけちゃんがだんだんエスカレートして、手が奥まで入っ

て行ったために、真知子さんが飛び上って、六本木さんの隣の、奥の椅子に移動しました。

一体何があったのか私は知らなかったのですが、翌日、六本木さんから電話があって、たけちゃんが真知子さんの尻を触ったと聞いて、申し訳なくて、返す言葉がありませんでした。真知子さんは後で真っ赤になって怒って、

「あの人だけは絶対式に呼ばないでちょうだい」

と言ったそうです。これでツービートの披露宴出演はご破算になりました。当然です。結婚式の相談に来た人の嫁さんの尻を触ってはいけない、というのは普通の人ならわかります。しかしたけちゃんにはわかりません。きっとお尻も触りたいし、仕事ももらいたかったのでしょう。世の中そういうふうにはいきません。

2

ある日、演芸場の楽屋でたけちゃんが、少々得意げに、

「吉川事務所がさ、おいらを専属にしたいって言うんだ」

「へーぇ、吉川事務所専属になるんだ。すごいね」

「うん、自分で探していたって仕事来ないしな。吉川さんなら、伊藤一葉さんがいて、テレビ局に顔も利くから結構売ってくれるんじゃないかと思うんだ」

伊藤一葉さんというのは奇術師で、昭和四十八年ころから、「何かご質問はございませんか」というフレーズがうけて、たちまち人気者になり、テレビのコマーシャルにも何本も出演していてよく売れていました。背が高く、黒縁の眼鏡をかけて、一見知的で物静かな人です。舞台でもその通りの人でした。奇術を演じながら、

「三本の長さの違うロープが、手の中で同じ長さになります。もう一度手の中に入れると元の長さに戻ります。この奇術について何かご質問はございますか、なければ次に参ります」

本来奇術は客の質問に答えられる職業ではありません。それを逆手に取って台詞にしたところが当たりました。ただし内容は、デパートの手品売り場で買って来たような基本的な手品ばかりを、一つずつ取り出してはぼそぼそ喋る。これほど地味な奇術もありません。

この一葉さんが所属していた事務所が吉川事務所で、吉川事務所としても、看板芸人が一葉さん一人では先々が心配なため、あれこれ演芸を見て、次のスターとして目に留まったのがツービートだったのでしょう。私は、ツービートも一葉さんにくっついて、一葉さんの司会する演芸番組なんかに出してもらえば、きっと売れると思いました。

今の生活を何とかしなければいけないと考えていたのは、むしろきよしさんの方が熱心で、

「ジュニア、マジックを教えてくれよ。簡単なものでいいからさぁ」

と、言って、私の上板橋の家まで付いて来ました。幾つか種を渡すと喜んでくれました。それをあちこちのお祭りや宴会の仕事先で見せているようです。

同様にたけちゃんも、所属した吉川事務所が、キャバレーの仕事を盛んに勧めるため、あまり乗り気でなかったキャバレーの仕事に力を入れたいと考えるようになったようです。

当時、昭和四十年代から五十年代にかけてキャバレーは全盛で、東京だけでも山手線や中央線はもちろん、私鉄の各駅前にすら一軒くらいはキャバレーがあったのです。

全国を見たなら数万軒ものキャバレーがあり、当時はキャバレー専門の事務所が東京だけでも何十軒もあって、その事務所に所属していると、毎月、十本から二十本の仕事が貰えました。内容の違うショウを十五分、一晩に二回すれば、一日で一万円近いギャラが貰えます。ただし、東京だけではなく、例えば北海道三十日間とか、九州十五日間などという繋がった仕事が普通にありました。大学出の初任給が四万から五万の時代に、一か月丸々仕事をすれば、五〜六倍の収入になります。芸人天国の時代でした。

ただし、キャバレーの客は酔っ払っているため、パッと見て面白いものでないとうけません。大体キャバレーのショウというのは、演歌、曲芸、奇術、ヌードなど、バンドを使った賑やかな音楽を絡《から》めると良くうけます。逆に、落語、漫才は駄目です。純粋な喋り物はうけません。

私の友達のマギー司郎さんは喋りが中心のマジックですから、キャバレーでは苦労したようです。それでも、バンドの演奏で、技物《わざもの》のマジックをして結構稼いでいました。マギーさんは極度な近眼で、喋りは普段から茨城訛りで、何か言うたびに言葉の語尾が上がります。およそマジシャンらしくなく、とぼけていて、そこにいるだけで面白い人です。

「僕なんか喋らないとネタがないから、キャバレーは苦労するのよね」

なんて言っていたので、一体どんな舞台をするのかと思って一度、錦糸町のキャバレーに付いて行きました。その日はあまりお客さんが入っていなくて、演技の途中でマギーさんは、お客さんに一枚カードを引いてもらおうとして、薄暗い客席に降りて行って、

「ねぇ、お客さん一枚トランプ引いてくれる。お願い、一枚だけでいいの、ね、お願い」

と、ひたすら頼んでいますが、そのテーブルはお客さんがいません。誰もいないところでカードを広げて頼んでいる。これはてっきりネタでやっているのかと思って、私は笑い転げてしまいましたが、当人は何も見えていなかったのです。やがて客がいないことに気づいて、

「あら、誰もいないのね」

と言ったんで、見ていてぶっ飛んでしまいました。そのころから面白い人でした。演芸場では、マジックが一回の公演で二本出ることはないので、マギーさんと一緒の舞台に出ることはありませんでしたが、互いが出ていると遊びに行って、よくお茶を飲みました。

ただし、マギーさんと連絡を取ろうとするのは至難の業です。どこに住んでいるのかわ

からないのです。ストリッパーの家を転々と回っているようですが、その相手が、日本人、白人、黒人と様々です。何件か仲間にあたって、所在を確かめ、後はマギーさんから電話が来るのを待たなければなりません。実に乱れた、芸人らしい生き方です。

ツービートの後に入ってきて、演芸場の一本目に出るようになったのが片岡鶴太郎さんで、鶴ちゃんは声帯模写をしていました。小林旭だの、石原裕次郎だのの模写をしていたので、夜はキャバレーに出て、模写で歌を歌って、結構忙しかったようです。演芸場ではよく映画解説者の小森のおばちゃまの模写をやっていました。ネタとしては新鮮ですが、あまり似ていませんでした。鶴ちゃんとも演芸場の舞台の合間によくお茶を飲みに行きました。

演芸場によく出ていた幹部級の芸人は、漫才では、Wけんじ、てんやわんや、松鶴家千代若・千代菊、内海桂子・好江、リーガル天才・秀才。ボーイズは、灘康次とモダンカンカン、小島宏之とダイナブラザーズ、玉川カルテット。コントは、コント・ラッキー7、ゆーとぴあ、ギャグメッセンジャーズ。漫談は、コロムビア・トップ、宮尾たか志、親父の南けんじ。声帯模写は、桜井長一郎、浪曲声帯模写の前田勝之助、若人あきら、はたけんじ。奇術は、アダチ龍光、伊藤一葉、松旭斎すみえ、といった人たちでした。落語以外のお笑いの劇場は東京では松竹演芸場しかなかったので、芸人はみんなここに集まりました。観客もよく入っていて、演芸場は閉館になるその日まで黒字でした。

松竹には、東京松竹芸能部という部署があって、演芸場と、浅草国際劇場の二館を担当していました。国際劇場というのは、今の浅草ビューホテルのところにあって、三千五百人入る劇場で、戦前にできた東洋一の大劇場で浅草の名物でした。当時はアリーナなどはありませんから、演歌の歌手などは、有名になったら国際劇場でリサイタルをするというのが目標で、実際、正月の初めは森進一、西郷輝彦、島倉千代子などが、三日間、一週間などと公演していました。

ところが、あまりに入れ物が大きすぎて、平月は公演を引き受ける歌手がいません。通常は、松竹歌劇団が春夏秋冬と一か月ずつ踊りの公演をしていましたが、これは衣装や派手な舞台装置に経費がかかりすぎて毎回赤字、さらに、その踊りの公演の間の日程がなかなか埋まらず、劇場運営は赤字続きでした。

その赤字を補塡していたのが誰あろう、松竹演芸場でした。演芸場はわずか五百の客席で、ずっと黒字を出していて、国際劇場の赤字を長いこと補塡していました。演芸場はおよそ舞台に経費をかけません。舞台係は一人だけ、舞台背景も十年一日のごとく同じ図柄で、芸人のギャラも絞るだけ絞っていました。経費がかかっていないにもかかわらず入りが良かったため、黒字というのは当然のことで、利益はそっくり国際劇場の赤字の穴埋めにしていたのです。

私の親父などは、今、客が入っているうちに色々企画を出さないと、やがて客は寄り付かなくなると言って、若手の勉強会を催したらどうだの、演芸特選会をやろうだの、支配人や課長を呑み屋に誘っては企画を出していました。しかし現実には、演芸場が芸能部に企画を上げても、予算のかかることは芸能部で否定され、全く認められませんでした。課長も、支配人も、本心は演芸場で打ちたい企画が色々あったのですが、実際には収入を丸々吸い上げられるばかりで、使える予算がなかったために、企画の立てようがなかったのです。

つまり演芸場は、親孝行の息子が新聞配達をして、親の放漫経営の会社の借金を返済しているようなもので、孝行息子は何一つ報われません。当然、演芸場の事務所内は沈滞化し、課長、支配人以下、出しても通らない企画はやがて出さなくなります。松竹芸能部の将来も、演芸場の行く末も、ただただ諦観するようになります。

そんな劇場ですから、楽屋で博打《ばくち》をしていようと、舞台をフルチンで通ろうと事務所は何も言いません。大部屋などは、こっちで麻雀をしていて、その隣でトランプをまいてポーカーをしています。そこへ、楽屋に遊びに来た仲間の芸人まで混ざって総勢二十人以上が、濛々とした煙草の煙の中で、ばかばかしい話をしながら和気藹々とギャンブルをしています。幹部部屋も同じように麻雀やトランプをしています。それが連日です。こんな賑やかな楽屋は東京広しと言えども松竹演芸場だけでした。

ある時、国際劇場が、椅子席が古くなったために何百か、椅子を取り換えました。廃棄しようとした国際劇場の椅子は演芸場に持って行き、古い演芸場の椅子と取り換えたのです。すると演芸場の客席が見違えるほど綺麗になりました。支配人は、

「さすが国際劇場の椅子だ。お陰で演芸場も一流劇場みたいになったなぁ」

と、穴埋めの見返りに、お古の椅子を貰って喜んでいました。

3

ある日たけちゃんが、

「ジュニアよう。俺キャバレーに出ようかと思うんだ。でさ、どうせ喋りやっても聞かないだろうから、奇術をやろうと思うんだけど、ネタを見繕《みつくろ》って揃えてくれないか」

「前にきよしさんに渡した、手から小さなハンカチが出るようなのではだめなの」

「うん、どうせやるなら、もっとステージ映えするようなものもしたいんだ」

「いいけど、奇術のネタってある程度いいものを揃えようとすると何万もかかるよ」

「吉川事務所がキャバレー取ってくれるから、ギャラで返すよ」

「それならメーカーに話をしてみるよ」

早速マジックのメーカー、トリックスに出かけて、赤沼社長に相談をしました。

「社長、ツービートという漫才がいるんですが、彼らはきっと売れますよ。今は生活が苦しいですが、今貸しを作っておけば、売れた後に商品のパッケージなんかにも使えますから、奇術の道具を貸してください。月に一万円ずつ返しますから」

と話をすると、すぐに了解してくれて、しかも原価でいいというので、私が伝票にサインをして五万三千円分の商品を借りました。これが後々、私の失敗につながります。


その道具を演芸場に持って行って、たけちゃんに見せ、

「社長が代金は後払いでいいってさ。道具は十種類くらいあるよ。マジックテーブル。腕のギロチン、お菓子やハンカチが出てくる筒。棒に三本のロープが下がっていて、ロープの先におもちゃの魚が下がっている。この魚がお呪《まじな》いで、右、真ん中のロープに移る」

面白そうなものを十作、順に説明しました。ところが、たけちゃんは、小道具を目の前にして、私の説明を聞いているのかいないのか、あまり喜んではいません。というよりも、マジックを覚えることに全然熱が入っていないのです。むしろ、腹の中では、

「こんなことまでして稼がなければいけないのか」

と自分を卑下しているように見えました。

いくらたけちゃんが乗り気でなくとも、元々、たけちゃんに頼まれてしたことですから、

私は熱心に指導をしました。たけちゃんは、わかったのか、わからないのか曖昧《あいまい》なまま、その道具を紙袋に入れて持ち帰りました。ある日、きよしさんに会った時に、

「こないだたけちゃんに渡したマジックの道具はキャバレーで使っているの」

「やってるやってる、お陰で助かってるよ。でもねぇ、相方はマジックしないんだ。キャバレーが嫌いなんだよ。相方はすぐ客と喧嘩しちゃうんだもん。キャバレーの仕事って言うと決まって酒呑んで舞台に上がるしさぁ、全然まともに舞台しないんだよ。弱っちゃうよ」

きよしさんによると、一回目のショウはまだ客がそれほど酔っていないので、漫才のネタを喋る。ところが、二回目に漫才をすると、酔った客が、「真面目にやれ」「歌でも歌え」「つまらねぇぞ」と野次ります。

たけちゃんは、あまりにひどい野次だと腹を立ててしまい、

「お客さん静かに聞いてくれないか」

とむきになって怒ります。怒れば酔っ払いは一層からんできます。そこできよしさんが、

「さぁ、話が盛り上がって来たところで、ここらでマジックをしましょう」

などと言って無理矢理マジックを始めます。たけちゃんは面白くないから、マジックの協力もしません。たけちゃんはこんな生活が嫌で嫌でたまらない、という顔をして傍観者になってしまいます。一人きよしさんが汗をかいて、たけちゃんをなだめつつ、マジックを手伝わせて、ギャグを言いつつ、お客さんにうけるように種のばれかけのマジックをします。当人は種がばれても、客にいじられても、平気です。何とか舞台をこなします。

とにかく、マジックの道具があればこそ、ツービートはキャバレーの仕事にありつけるのです。マジックは確実にツービートの生活を助けているはずです。それが、楽屋で会っても、私に感謝の一言もないのです。セキネの肉まんの一つも買ってきて、

「おかげで生活が良くなったよ」

とかなんとか、言ってくれたなら、私はそれだけで満足なのですが、ことキャバレーの舞台に関しては、私に喋るのも嫌なようです。

ある晩、たけちゃんと酒を呑みながら、

「俺も親父もよく大須《おおす》演芸場に出るんだけども、たけちゃんは出てみる気はないの」

「あすこはコンビ組み立ての時によく出たんだよな。でもなぁ……」

名古屋の大須という、浅草によく似た繁華街に、小さな演芸場があります。親父などは二か月に一回出演しています。実は、親父も私も大須に出る時には、名古屋のキャバレー芸能社に連絡をしておいて、夜のキャバレーの日程を作ってもらいます。大須のギャラは安くても、寄席の終演後、キャバレーに出演して十日間のうち、五、六本もキャバレーがあれば十分な収入になります。キャバレーとしても、交通費、宿泊費を支払わないで東京の芸人を使えるのですから、有り難いわけです。しかし、キャバレーの嫌いなたけちゃんは気乗りしません。

「大須はさぁ、一緒に出ている芸人がどうにもレベルが低くてさぁ。あんなのと一緒にされて見られているかと思うとどうもなぁ」

「でも、どこの寄席に出たって、松竹演芸場だって、下手はいくらでも出てるじゃないの。他人はどうでも、自分さえしっかり舞台をすればそれでいいんじゃないの」

「でも、浅草は大須と比べると、看板が何人も出ているし、意欲ある若手も出てるよ」

私はたけちゃんが他の出演者の良し悪しを問うのが意外でした。演芸場に出る日以外はほとんど仕事がないんだろうに、毎日舞台に立てて、収入になる方が、ずっとましだと思うのですが……。

大須演芸場は昭和四十年にオープンし、当初は、演芸ブームに乗って、連日大入り満員を繰り返しました。親父は早くから大須に出演していましたので、その大入りの様子をよく家に帰って話してくれました。

あまりお客さんが入りすぎるので、来たお客さんを帰すのも失礼と、一端緞帳を閉めて、舞台の上手下手に座布団を敷いて、左右に五十人ものお客さんを座らせたそうです。緞帳を上げると、客席のお客さんは舞台上のお客さんを見て一斉に指をさして大笑いをしました。舞台上にいるお客さんも、珍しい体験と思って喜んでいます。当時は消防法も何もあったものではありません。入れてしまえば劇場の勝ちです。

落語などは、左右に座っているお客さんと背丈が並んでしまい、町内会の寄り合いのような風景になってしまいます。「ご隠居さん」と言って、上手を向くと、そこにすぐお客さんがいるのですから、落語はやりにくかったでしょう。一輪車の曲芸などは、その日はお休みです。私も十五歳の夏休みに出演したときに、大須の大入りを経験しました。

しかしその後がいけません。市内にあちこち支店を出したのがどれも外れ、やがて演芸ブームが去り、放漫経営がたたり、大きな負債を抱えて身動きできなくなりました。

そうなると看板芸人を呼ぶことができなくなり、若手や地元のセミプロのような芸人でメンバーを組むようになります。すると覿面《てきめん》に入りが悪くなり、毎日客席が三人、五人という入りになりました。それから大須の伝説が始まります。


落語家が、一人しかいない客の前で落語を話していると、急に客がトイレに入ってしまいます。仕方なく話をやめて、客が戻るのを待っていると、いつまでたっても戻って来ません。人に頼んでトイレに迎えに行かせると、客が遠慮して戸の隙間から見ていたそうです。客も一対一で聞くのは恥ずかしかったらしいのです。

客席が親子連れ一組しかいないところで、講釈をしていると、子供が、「面白くないよ。帰ろうよ」とぐずりだします。講釈師も初めは聞こえないふりをして語っていますと、だんだん子供がエスカレートして、「帰ろう、帰ろう」と騒ぎ出します。母親は、子供を叱りながら、「今帰ったら、お客さんがいなくなって、この人に失礼じゃないか」と、講釈師を指さすと、講釈氏は、「いえ、いなくなれば終われますので、その方が助かります」。

名古屋の奇術師が出ているときに、私が訪ねて行くと、奇術師は舞台に出ていましたが、客が一人しかいません。その奇術師が途中で腕のギロチンをやろうとして、一人しかいない客を舞台にあげて、二人だけでギロチンをしていました。見ている客がいません。一人しか客がいないのなら、何もギロチンをしなくてもいいだろうにと思いましたが、誰もいない客席を前に、二人だけでしみじみ奇術をしている姿がおかしくて、私は舞台袖で笑い転げていました。

この奇術師は、市役所を定年退職して奇術師になった人ですが、初めて会った時に、楽屋の鏡の前で、青いアイシャドーを瞼に塗っていました。男の芸人としては珍しいため、

「へぇ、アイシャドーを塗るんですか」

「ええ、私はプロですから、ちゃんと化粧をしないとね」

と言います。ところが、舞台を見るとサングラスをかけて演技をしていました。

また、別の奇術師を見に行った時には、手妻《てづま》（古典奇術）の「蝶の舞」をするというので、期待して出かけましたが、紙の蝶を扇子《せんす》で煽いでいると、どうしたわけか舞台の背景に蝶が寄って行き、背景にこびりついてしまいました。一生懸命煽いでいますが蝶は背景幕が気に入ったと見えて動きません。やむなく蝶を手でつまんで再開すると、今度は蝶が上手の方に飛んで行き、奇術師と共に上手袖に消えてしまいました。何の芸なのかよくわからず終わりました。客席には三人ほど客がいましたが無表情でした。あとで楽屋で、

「この芸はなかなか蝶が言うことを聞かないので、とても難しい芸です」

と、ひとくさり芸談を聞かされました。

その後、中日新聞社などが劇場の窮状を察し、熱烈に支援をすると、新聞の記事を読んだ電気屋さんがクーラーを何台もプレゼントしてくれたり、大工さんが無料で腐った床を直してくれたりと、人情の輪が広がって、大須演芸場は急激に息を吹き返します。しかし、出演者は相変わらず素人や駆け出しの芸人ばかりのため、新聞を読んで駆けつけた善意の観客もやがて失望と後悔で去って行き、観客増加は望めず、結果は平成二十六年に閉館し

てしまいました（その後、街の有志によって二十七年再開）。

私にとって大須演芸場は、客が少ないことを除けば、収入にはなったし、演じやすいい舞台でしたから、何も不満はなかったのですが、キャバレーをしないたけちゃんにすれば、楽屋で寝起きをして、毎日二、三人の客を相手にする日々は味気なく、場末の感が否めずに耐えられなかったのでしょう。ただし、ここは関西の若手芸人と合流する機会が多く、かつてたけちゃんも、ここで売れる前のB＆Bに初めて会って強い刺激を受けています。

私も、ザ・ぼんちや、太平サブロー・シローなどの関西芸人と会い、呑み歩いて毎日楽しい日々を送れて幸せでした。珍しい関西芸人と話ができるのはいい経験だったと思います。

たけちゃんはグラス片手に、大須演芸場や浅草の木馬館《もくばかん》という古い寄席には出たくないといいます。しかしそんなことを言える立場ではありません。

「たけちゃんさぁ、失礼だけど、あんたは元々フランス座のストリップの幕間でコントをしていたんでしょ。それを思えば、どこの劇場だって出られるだけ有り難いんじゃないの」

「うん、そうなんだ、おいらも偉そうなことは言えないけど、でもさ、せっかく演芸場に出られるようになったのに、また元の大須や、木馬に戻るのは嫌なんだ。ましてや田舎のキャバレーなんて、店も、客も、芸のことなんて誰一人わからない奴らが集まって騒いでいるんだぜ。そんな中で、店や、客にうけようと必死になってもがいている自分が情けないと思うんだ。年寄芸人がよく若いうちは何事も勉強だなんて言うけども、身過ぎ世過ぎの小銭稼ぎにあくせくしていて、それで本当にどうにかなるのかなぁ」

たけちゃんは沈黙したままカウンターに座って、チューハイのグラスを片手に、はるか遠くを眺めるような顔をして、何かを考えていました。まだ成功のかけらもつかんでいないたけちゃんの横顔は、たとえようもなく寂しそうに見えました。

やくざ社長がやって来るの巻

1

たけちゃんが演芸場に出ていると、やくざの贔屓《ひいき》が頻繁に見に来るようになりました。それが並のやくざではありません。見るからにやくざ。頭は短く刈っていますが、頭蓋骨が、出入りを受けた際に日本刀をもろに受けて、刀傷で骨に段差ができています。額には印鑑を撞《つ》いたかのように、丸印に悪と彫ってあります。左の小指がなく、残された短い指の断面に丸に悪と彫ってあります。頭の悪と指先の悪がコーディネートされています。根はおしゃれなのかも知れません。

この人がたけちゃんの芸にほれ込んで、時々呑みに行こうと誘いに来ます。たけちゃんはロジカルな人ですから、無理を言う人、理屈の通らない人は嫌いです。しかも、たけちゃんは客あしらいができません。気に入らなければすぐに喧嘩をします。それでも酒は呑みたい。誰かが側にいてくれて、ただの酒を呑ませてくれるなら嬉しい。そこで私を連れて行こうとします。実に勝手です。

夕方、丸悪のやくざが来て、私がたけちゃんにくっついて行くと、上野の池之端にある地下のバーに入りました。散々呑んで、丸悪が、

「よし、次の店に行くとするか」

と言って外に出ようとすると、店のマスターが、

「すいません、勘定をお願いします」

と言う。すると丸悪は、

「なんだ、俺から金をとるのか。終《しま》いには店壊すぞ」

と脅すと、マスターは、

「それじゃ結構です」

と言いました。その話を聞いて、私は、

「まずいよ。丸悪は金持ってないよ。こんなことしてたら、俺たちの評判が悪くなるよ」

「本当だ、それじゃ用事がありますから先帰りますって言おう」

その晩はやくざに訳を話して、とにかく帰りました。それから数日してまた、丸悪がやって来ました。今度はポルシェに乗っています。たけちゃんは、

「社長、どうしたんです、ポルシェなんかに乗って」

「サラ金で金を借りた者が返せなくなって、貸金の形《かた》に持って来たんだ」

ポルシェに乗って、また上野に出て、呑み屋に入りました。散々タダ呑みをして、

「もう一軒浅草に行こう」

と言い出しました。もちろん、丸悪はだいぶ呑んでいます。私が、

「社長大丈夫ですか。呑んで運転したら危ないですよ」

「大丈夫だ行こう」

と言って、今度は浅草の新仲見世通りをポルシェですっ飛ばしました。夜更けて人はいませんが、新仲見世通りはアーケード街ですから、車の通行は禁止です。たまたま通りを警官が見回りしていて、呼び止められてしまいました。たけちゃんはまずいと思い、

「社長、窓から顔を出さないでください。社長は酔っているんですから、すぐにつかまってしまいます。俺がうまく話をしますから」

と言って、たけちゃんは助手席の窓を開け、

「どうもすいません、間違って入ってきてしまったんです」

するとその警官は演芸好きで、ツービートを知っていました。

「あれ、ツービートさんですね。僕ツービートの漫才好きなんですよ。この車たけしさんの車ですか、凄いですねぇ、気をつけてくださいよ。ここは進入禁止ですから」

と、話がうまく行きかけたときに、丸悪が窓を開けてげろを吐いてしまい、警官が、

「あれ。酔っ払ってる。駄目ですよ。交番まで来てください」

お陰で深夜に交番に呼ばれ、調書を書くのに付き合わされました。全員酔っ払っているから車は運転できません。帰る手段もなくサウナに泊まるはめになりました。


どうしたものかやくざは芸人が好きです。同業ではないまでも、近い職業だと思っています。やくざは金離れがいい。祝儀をくれる。酒を呑ませてくれる。ですが、いったん何かでへそを曲げると面倒になります。だからやくざのお呼ばれには絶対に行かないという芸人もいます。しかし相手がやくざとは知らずに呼ばれることもあります。

私が演芸場に出ていると、小岩のスナックの開店記念で奇術をしてほしい、という依頼が来ました。声帯模写と、ツービートと私が出かけると、そこに遠藤支配人まで来ていま

した。その店で三組がショウをすると、何となく様子が怪しいのです。客席に怖い顔の人ばかりが座っています。オーナーが席を外したときに、遠藤支配人が私の側に寄って来て、小声で、

「ジュニアねぇ、君はちゃんと大学に入った芸人なんだから、こんなところでマジックしていちゃいけないよ。君はもっと大きな望みを持って生きるべきだ」

「何言ってんですか支配人、ここは演芸場の主任から頼まれた仕事ですよ。演芸場が頼んでおいて、大きな望みも何もないでしょう。支配人こそなんでこんなところにいるんですか」

「俺も知らなかったんだよ。三本の芸人を売って、いくらか俺の小遣いにしようかと思って来たんだけども。こういう店だとは思わなかったよ」

「人のことは言えないじゃあないですか」

同じ頃、私が名古屋の大須《おおす》演芸場に出ていると、熱烈に私の奇術が好きというやくざの社長がいました。十日間出演していると、必ず一日、自分の経営するスナックでマジック

を頼まれました。この社長はおとなしいやくざで、サラ金とスナックを経営していました。演芸場が終わる時刻になると、キャデラックに乗ったやくざ社長が迎えに来ます。江南という町に着くと、小さな三階建のビルがあり、一階がスナック、二階がサラ金、三階はたぶん家族が住んでいたようです。この一階でマジックをします。

「おい、ジュニア、腹減ってるか。寿司取ってやろうか」

と言って寿司を頼んでくれました。しばらくして寿司屋が来て、

「はい、お勘定は千円です」

と言うと、やくざ社長が、

「あぁ、そうか、金か、ほんじゃあな、あそこのお客さんに付けとこ」

と言って、若いサラリーマンが二人で楽し気に飲んでいるところに、

「あのな、お客さんな、この人は東京から来た芸人なんや。寿司食わせたって」

言われてサラリーマンは急に静かになってしまいました。サラリーマンの恨めしそうな顔を横目に見ながら私が寿司を食べていると、社長が、

「ジュニア、お前、ポルノ見るか」

当時、無修正ポルノは珍しく、見せてもらうことにしました。早速、店の画面にポルノが映し出され、ヨーロッパ物のポルノが始まりました。そのうち、五分もすると、画面が汚くなり、畳の上に布団を敷いて、日本人のポルノが始まりました。

「あれ、社長、画面が急に汚くなりましたよ。日本のポルノですか」

「わいや」

「え？」

「わいがかみさんとやっとんねん」

そんなものを私に見せないでほしい。

たけちゃんの贔屓の丸悪も、度々呑みに誘いに来ます。ただし丸悪は、酒は呑ませてくれますが、なかなかご祝儀が出ません。うっかり遅くまで呑んでいて、終電がなくなれば、サウナか何かに泊まらなければなりません。それでは赤字です。

ある晩、一緒に呑んでいて、

「たけちゃんさぁ、このままいると終電に乗り遅れるよ。丸悪から祝儀を貰おうよ」

「そうだな、ジュニア言ってくれる」

　そこで私が、

「社長、もう終電がなくなりますから、これで帰りますよ。で、タクシー代下さいよ」

と言うと、丸悪がぐずりだした。それでも何度か帰ると言うと、財布から五千円を出しました。

「社長はどうします」

「俺はもう少し呑んで帰るからいい、一人でタクシーで帰る」

と言うので、挨拶して、たけちゃんと御徒町まで行くと、まだ終電には間に合います。

「たけちゃん、まだ終電があるから、電車で帰ろうよ。金は半分ずつ分けよう」

「それがいいや。タクシー代もったいないからな」

と、二人は電車に乗って、吊革につかまっていました。その時たけちゃんが、ひょっと隣の車両を見ると、丸悪が吊革につかまって、眠そうな顔をして立っています。たけちゃんは、

「おい、ジュニア、丸悪が隣の車両に乗ってるぜ、なんだ、やくざも山手線に乗って帰る

ようじゃ大したこたぁねぇな」

「そんなこと言ってる場合じゃないよ、見つかったらばつが悪いよ。隣の車両に移ろうよ」

この時、金のないやくざの哀愁を見ました。


私の親父の客にも怪しい社長が何人かいました。ある日親父がいい時計をしています。

「親父、凄い時計をしているね」

「そうさぁ、オメガだぞ」

「いくらくらいするの」

「五十万くらいはするだろう。買えばな」

「買えばって何。誰かから貰ったの」

「名古屋の社長だよ。よく飲みに連れて行ってくれる」

「あの社長、連れ込みホテルやってる。それじゃあ怪しいなぁ。偽もんだよそれ」

「いや、これは本物だ。しっかりしているぞ」

しばらく親父は腕にはめて、人に自慢していましたが、ある日、

「時計が動かなくなったんだ。修理に出してくれないか」

時計をよく見ると、文字盤に貼ってあるオメガのマークが取れていて、時計を振ると、オメガのマークが文字盤の下の方でカラカラ音を立てて遊んでいます。

「親父よぅ、これは偽もんだよ。俺は機械に疎《うと》いけど、疎い俺でもこれは偽物だと分かるよ。本物のオメガが、自分とこのマークが簡単に剝がれるような時計は作らないと思うよ。こんなの時計屋に持って行ったら恥ずかしいよ」

「いや、でもなぁ、社長が本物だと言ってくれたんだから、俺は本物だと思う。それじゃさ、もし偽物だったら、千円やるから、時計屋に持って行ってくれよ」

言われて持って行くと、時計屋さんは一瞥《いちべつ》して冷たく笑いながら、偽物だと言いました。

「親父、今日ほど恥ずかしいことはなかったよ。時計屋に冷ややかにあしらわれたよ。どう見たって、マークの剝がれた時計持って行って、直してくれと言うのは、頭の悪い奴のすることだよ。親父が世間を知らないのはいいよ。そこに俺をつき合わせないでくれよ」

親父はその時はしおらしくしていましたが、それから二か月して、

「こないだのオメガなぁ、社長のところに持って行って、これ偽もんでしたよって言ったんだよ。そうしたら、社長がごめんごめんって謝ってさ、代わりにラドーくれたんだ。これは本物だから大丈夫だって言うんだ」

今度はラドーを見せびらかします。さすがに私は怒って、

「親父よぅ、いい加減にしないか。この話は、オメガがだめで、ラドーならいいという話じゃあないんだ。事の本質を読み取ってくれよ。そもそも名古屋の社長そのものが紛《まが》いものので、その社長がくれる時計は紛いものなんだよ。頼むからこの話は親父までで止めてくれないか。俺を巻き込まないでくれよ。俺はもう少しちゃんと生きていきたいんだよ」

親父はしゅんとしていましたが、それでも小声で「ラドーは本物だ」と言いました。その信念はちょうど、ガリレオ・ガリレイが宗教裁判で地動説を否定されても、裁判所の前で「それでも地球は回っている」とつぶやいたというエピソードに、よく似ています。似てはいますが、ガリレオには根拠があります。親父は欲だけです。次元が違います。後世にまで語り継ぐ話ではありません。私にすれば一瞬にこの世から消し去りたい、恥辱にまみれた話です。

2

私の狭い知識ですが、昭和五十年代の演芸界のことを少し書いておきましょう。この時代は昭和四十年代の演芸ブームが去り、関西、関東共に、演芸場、寄席は観客が少なかったのです。そんな中で、関西では横山やすし・西川きよし、Wヤング、中田カウス・ボタンが活躍していました。関東は、おぼん・こぼんと、星セント・ルイスが出てきたところでした。

中でも、やすしきよしさんは中堅漫才の筆頭です。やすしさんの破滅的な生き方は、多くの客に愛され、天性の笑いのテクニックとも相俟《ま》って漫才界一の実力者です。かたや、きよしさんは努力の人で、漫才の技術を身につけ、やすしさんと互角に勝負するようになり、舞台で火花を散らすような激しい漫才をしていました。その後の若手はやすしきよしを追いかけることになります。たけちゃんも、やすしきよしさんを一番尊敬していました。

たけちゃんは、自分たちの名前を平仮名で、たけしきよしと名付けました。たけしは本名の武を平仮名にしただけですが、きよしさんの本名は兼子二郎です。きよしとは別物です。しかし、たけしきよしと書くと何となく、やすしきよしに似ています。きっとたけちゃんは名前を似せたことで満足していたのでしょう。

たけちゃんは、やすしさんの無茶な生き方をそっくり真似します。たけちゃんは、やすしさんになりたくて私生活も無茶苦茶をしていたのです。ただし、やすしさんは天然でしたが、たけちゃんは、分かってやっています。いわばパフォーマンスです。ですから、やすしさんは時として取り返しのつかない失敗をして、時には刑事事件に発展します。たけちゃんは、ぎりぎりのところまで来ると、自分でブレーキを掛けます。たけちゃんは常識家であり偽悪家なのです。

しかし、いかに、やすしさんの無茶を真似ても、やすしさんの芸には至りません。悩んだたけちゃんは、もう少し身近なライバルを見つけてそこから学ぼうと考えました。

そこで狙いを定めたのがB&Bです。島田洋七さんはたけちゃんよりも三つ若い。しかし、たけちゃんがフランス座で見習いをしていた頃には早くも漫才を始めていて、関西では人気者になっていました。ただし、洋七さんはコンビ運が悪く、初めのコンビは長続きせず、二人目のコンビは上方よしおさんと組みました（後に、西川のりお・上方よしおで売り出します）。よしおさんは洋七さん以上に話術が達者で、洋七よしおのコンビはたちまち人気を得て、関西の芸能の賞を総なめにしました。今でもこの洋七よしおのコンビを漫才の最高傑作という人があります。私もそう思います。しかし昭和五十年に解散。

解散理由は、東京進出したい洋七さんに対して、よしおさんが反対したからだそうです。

たけちゃんはこの二代目の洋七よしおのコンビに強い影響を受けています。

実際、私がツービートに会った当初は、B&Bのネタをそっくりパクって舞台にかけていました。ネタだけではなく、話のスピードがB&Bそのものでした。B&Bのそれは喋りの限界に挑戦しているかのようでした。

ただし、洋七さんの喋りは、洋七さんの滑舌の良さと、声質の良さで、せりふが明快で、良く理解できます。たけちゃんは洋七さんを真似ますが、たけちゃんの方は滑舌が悪く、声もぼそぼそしていますから、聞き取りにくいのです。とにかく、ツービートの高速喋りはB&Bの影響です。

さらには、話に脈絡がなく、細切れなギャグを喋ることも洋七さんの影響でしょう。洋七さんが一方的に漫談調に喋ることからも影響を受けています。また、洋七さんが洋八さんと組むようになって、広島が岡山を馬鹿にするネタを考え出すと、たけちゃんはすかさず、相方のきよしさんの故郷、山形を馬鹿にするネタを考えました。それだけではありません。コンビ名を付けたのもB&Bの影響でしょう。芸名と何の関係もないコンビ名を名乗ることは、当時は珍しかったのです。

例えば、やすしきよしさんは横山やすし、西川きよしという名前で、コンビ名はありません。関東の漫才のWけんじ師匠は、宮城けんじ、東けんじの二人が互いにけんじだからWけんじです。しかし、B&Bと洋七洋八は全く関係がありません。洋七さんはバイト先のディスコの名前B&Bを拝借して、それを名乗ったと言っています。

本来、B&Bはカクテルの名前です。ベネディクティンというリキュールの頭文字のBと、ブランデーの頭文字のBの二つの頭文字を並べて、B&Bです。由来はそうですが、仮にBがBeat（ビート）で、Beat & Beatの略だって構わないはずです。そうだとしたら、Beat & BeatとII Beat（ツービート）は全く同じものです。どうも、たけちゃんは、B&

Bに影響されて、B&Bになりたい一心で、B&Bをツービートと言い換えたのではないかと私は推測します。もちろんこれは私の推測です。しかし、長くたけちゃんを見ていると、言葉に対して異常にこだわる人ですし、いったん人を気に入ると、その人そのものになりたがる傾向がありますから、B&Bイコールツービートは正解ではないかと思います。

私は、たけちゃんからB&Bの漫才をべた褒めする話を何度も聞くうちに、たけちゃんはB&Bになりたいんだなぁ、と気付きました。そこで名前をパクったなと諒解したのです。仮にそのアイデアが正解だとしても、有名になった今となっては真実を語りにくいでしょう。しかし前述の、たけしきよしが、やすしきよしをうっすら刷り込み、サブリミナル効果のような仕掛けを施しているように、B&Bをツービートと言い換えることで、当時のたけちゃんは内心満足していたのではないかと思います。

売れてからのたけちゃんを見ると、オリジナルの塊《かたまり》の人に見えますが、たけちゃんを長く見ていて思うのは、オリジナルの才能はもちろんのこと、周囲の人たちの未熟さ、食い足りなさを補足して修正する、アレンジの才能こそ優れているということです。

この時期、東京漫才は大阪漫才に大きく差をつけられていました。やすしきよし、B&Bのようなスピード感のある喋りができるのは、唯一、星セント・ルイスだけでした。星セント・ルイスは、たけちゃんが演芸場に出始めた昭和五十年の時点で、すでにテレビにも数多く出演していました。ネタが斬新で、キャッチコピーを盛んに織り交ぜて、猛スピードで話すスタイルは若い層に人気がありました。

そのセント・ルイスさんと私は随分親しく話をさせてもらいました。ルイスさんは小柄で、体格が良くて、天心爛漫な性格で、芸人らしい誰からも愛される人でしたが、相方のセントさんの方は背が高く、痩せて、足が長く、いつでも革ジャンにジーンズ、目玉がぎょろっとしていて、鋭い目で人を品定めして見るような、陰のある人でした。

喫茶店に一人で入って、店の隅の椅子に座って煙草をふかしながらじっと何かを考えています。誰とも話をしません。この時期、セントさんと喫茶店に行く人は演芸場にはまずいませんでした。セントさんは楽屋中敵だらけです。ただ、私はセントさんが好きでした。何より知性があります。私の知らない話をしてくれて、そこから多くのことを学びました。

「ジュニアは探される芸人になりなよ。自分から売り込みに行ってはいけないよ」

「探される芸人て、どんな芸人ですか」

「使う方が、探して、探して、使いたいと思うような芸人こそ本当の芸人なんだよ。テレビ局のプロデューサーと麻雀したり、ゴルフ仲間になって、○○ちゃんなんて呼び合ってる関係なんて、一番駄目な付き合い方だよ。媚びて仕事を取ろうと思っちゃいけないよ」

こんな話を、相手をじっと見つめて、真剣に話すセントさんのような先輩に、若いものが影響されないはずがありません。楽屋にいるどの芸人よりもインパクトのある人でした。

星セント・ルイスは、その後のツービートの人気に隠れてしまい、今では語る人もいません。たけちゃんはB&Bの芸は褒めていますが、ことセント・ルイスに関しては、沈黙します。しかし、東京漫才を語る上で、とても重要な人ですので、少し話します。

星セント・ルイスは、ともに獅子てんや・瀬戸わんや師匠の弟子で、いわば東京漫才の保守本流を行く漫才でした。話の展開は巧みだったし、掛け合いも達者でした。

漫才のスタイルは一方的に話す漫談形式のもので、相方を徹底的にこき下ろすスタイルで、毒舌で社会に鋭く突っ込む語り口、妥協がない。間なしにネタを繰り出して社会のあらゆることを批判してゆく。見えない目標に向かって、常に戦っているように見える。ほかの漫才のように万人《ばんにん》に好かれて、可愛がられるような芸人になろうとは思っていません。知的でセンスがよく、物静かで思索家で、常に世の中の先を見て、訳も分からずとがっています。と、こうして書くと、まるでたけちゃんのことを書いているように思えるでしょう。そうなんです。漫才のスタイルと言い、性格と言い、セントさんとたけちゃんは実によく似ています。

あえて違いを挙げるなら、たけちゃんの方が愛嬌があり、わかりやすい芸です。セントさんの舞台は時にほの暗く、笑いの背後にメッセージが仕込まれていました。

歳はセントさんの方が一つ下。しかし芸歴はセントさんの方が古く、売れたのはセント・ルイスが先。二人の楽屋での姿勢は、たけちゃんは、本当の馬鹿は嫌いですが、ばかばかしくて芸人らしい芸人は好き。セントさんは馬鹿も芸人馬鹿も全部嫌い。その点で言えば、セントさんのストライクゾーンは思いっきり狭い。二人とも楽屋の芸人を天から馬鹿にしています。それ故、仲間からは白眼視されています。実際、どちらも芸人仲間はほとんどいません。

セント・ルイスさんの凄いところは、キャッチコピーを作って、長い話を一言で表現したことです。漫才の話の合間に、「俺たちに明日はない、キャッシュカードに残はない」。世間の不満を語りながらも、「キャッシュカードに残はない」という自らの現実を語って落ちを作るところがいいセンスです。セント・ルイスの漫才はこんなふうでした。

セント「俺たちの目標は何だ。売れる、稼ぐ、田園調布に家が建つ」
ルイス「それは俺も同じだよ。俺も田園調布に家建てたいよ」
セ「いや、お前は目標としてとらえてはいない。ただの願望に過ぎない。流れに任せて生きているだけだ。お前は、呑みたい、もてたい、家建てたい、人が見てなきゃさぼりたい」
ル「失礼なこと言うなよ。俺だって色々考えているよ」
セ「考えても無駄だ、お前は頭悪いんだから。成功するには自立心を持って生きなければいけないんだ。人に頼るな、すぐ捨てよう、夢と希望と卒業証書」
ル「なんだそれ、よくわかんないな」

セ「だから、お前のような奴は徹底して媚びて生きるしか能がないんだ。お前の成功の条件は、義理と人情とお中元だ」

こんな調子でポンポンキャッチコピーが出てきます。今まで漫才が使わなかった語彙《ごい》が出てきて新鮮だったし、キャッチコピーが入ったことで、会話に強いアクセントがついて、テンポが早まるところが斬新でした。他にも、「空虚な拍手、無意味な迎合」とか、「妥協、迎合、こび、へつらい」などと、日常会話で使わないような単語が出てきます。その都度、聞いている観客は何を言っているのかとハッとさせられる。こんな漫才はそれまでいませんでした。

セント・ルイスさんはこの先に来る漫才ブームの先頭に立って大活躍しますが、なぜか、人気の途中でレースから外れて新劇に進んでゆきます。実際漫才ブームのさ中にベケット作の「ゴドーを待ちながら」という難解な芝居を本気になってしていました。セントさんは普段でも新劇の話が頻繁に出てきて、自身が見て感じた芝居を一時間でも熱く語る人でした。

この人の話を真剣に聞く芸人は、演芸場では私くらいです。だから頻繁に私を喫茶店に誘ってくれました。

ところが、たけちゃんはセント・ルイスさんに対して徹底して否定的でした。私がゴドーの話をしても、たけちゃんは、

「芝居よりも漫才を熱心にやるべきだろう。結局、逃げて生きているんじゃないか」

と、言いました。その後のたけちゃんが、歌を歌い、芝居をし、映画監督にまでなることを思えば、この時のたけちゃんはその後のたけちゃんとは真逆の人でした。

しかし、確実にたけちゃんはセントさんのキャッチコピーの影響を受けています。その後ツービートが得意とするようになる交通標語とキャッチコピーの混合はセントさんの影響でしょう。また、漫才の中に時々難解な語彙や、業界の専門用語をふりかけ程度にばらまいて、漫才をボヤっと聞いている客に、適度な刺激を与える効果はセントさんの得意技で、この後、たけちゃんも使うようになります。これによってたけちゃんの漫才が単なる馬鹿ネタでなくなり、知識層に浸透していく切り口になります。

交通標語ネタは、私の親父の漫談の得意ネタでした。親父の漫談は交通標語の創作には

至りませんでしたが、客にはよくうけていました。親父の語り口は、通常の漫談の「です、ます調」とは違い、全く下町の職人言葉で、ぶっきらぼうで、粗野でした。当時こんな喋り方をする芸人はめずらしく、そのためずいぶん浅草では人気がありました。たけちゃんも初めは、「です、ます調」で漫才をしていましたが、その後、私の親父の語り口をそっくり真似ています。今でも浅草に行くと、「たけしの喋りを聴いていると、親父さんの漫談を思い出すよ」と言うお客さんがいます。親父の漫談はこんな風でした。

「みんなは交通事故なんて人ごとだと思っているかもしれないけど、これだけ車が増えると、いつ自分に災難がかかるかわからないぜ。色々知っていないと危ないよ。同じ車に轢《ひ》かれるんでも、車道で轢かれるのと横断歩道で轢かれるんでは保証金が全然違うからね。もし車道で轢かれたときには、死に物狂いで白線にタッチだよ。こういうことは日頃から知っていないと、いざというときに体が動かないからね。

それから、日本全国を歩くと交通標語に面白いもんがあるぜ。『注意一秒怪我一生』とか、『狭い日本そんなに急いでどこに行く』『呑んだら乗るな、乗るなら呑むな、呑んで運転するのろま』なんて早口言葉みたいなもんもある。中には『財布落とすなスピード落とせ』なんて、漫談のネタみたいなもんもあるよ。

こないだ東北に行ったら、『のんびり走ろう、昔はみんな歩いてた』ってのがあった。違いないね。中には、『酒飲んで運転してみろ、免許一発取り消しだ』って、脅迫まがいのもんもある。去年全国で一位だった標語がすごかったね。『出るな歩くな家にいろ』ってのが一位だからね、確かに家にいりゃ車に跳ねられないよ。でもこの標語を考えた人が交通事故で亡くなっちゃったんだ。聞いたら、夜中、寝ていて家の中にダンプカーが突っ込んできたんだって。まぁ、そうなると今の時代、どこにいても危ないね」

「出るな歩くな家にいろ」なんていう標語は親父の創作だと思います。六十近い親父が語る漫談はそれなりに説得力があって、よくうけていました。たけちゃんのその後のヒットになる標語ネタは、親父の漫談と、セントさんのキャッチコピーの合体ではないかと思います。たけちゃんはこの先、独特の標語で自分のスタイルを作り、売り出していきます。

NHKに突っ込む騎士の巻

1

私は昭和五十三年、大学を卒業することになりました。四年前に入学したときには、演芸場の事務所一同が私の入学を拍手で祝ってくれたのです。親父に連れられて、楽屋に出入りしていた子供が、成長したことを事務所一同喜んでくれました。主任が、

「松竹演芸場から学士が誕生するんだなぁ」

と、感慨深げに言いました。昭和四十年代とはそんな時代です。でも、そんな大袈裟なものではありません。私は国立大学に入ったわけではないのです。日本大学です。それも母親が行け行けとうるさいから試験を受けたのです。内心は早くやめたいと思っていました。

私は学校に行く傍ら、キャバレーやら演芸場やらイベントの仕事をしていましたが、洋服のマジックをしながらも、子供のころに習い覚えた古典奇術、手妻《てづま》を復活させて残してゆきたいと考えていました。

私はマスコミで売れることよりも、手妻の継承者となって、長く舞台活動がしたかったのです。私は若いころから老けたものの考え方をしていました。そこで、卒業を前に藤山新太郎という名を名乗り、披露目をする決意をしました。まるっきり時代に逆行した生き方です。今考えても、なんで二十代の若者がそんなことを考えたのか、思い出せません。このことを親父に話すと、親父はマジックであれ手妻であれ私が芸人になることは大賛成です。そこで、とにかく卒業を前に、披露目をしようと決意をしました。

昭和五十二年、七月と八月にそれぞれ十日間、浅草の松竹演芸場と名古屋の大須《おおす》演芸場で、私の披露目と親父の芸能生活三十周年興行（本当は芸歴三十四年なのですが、私に付き合ってくれました）を行うことになりました。松竹演芸場は随分と気を遣ってくれて、出演者まで私らの希望を採り入れて、配慮してくれました。お陰で先輩の看板芸人が皆出演してくれました。メンバーを組むときに私は、住田課長に、

「一本目はツービートにしてください」

「ツービートでいいのか、あいつらうんこおしっこ言うぞ」

「いいです。とにかくツービートでお願いします」

というわけで、浅草の披露の十日間はツービートと一緒になりました。

このころのツービートの漫才は、私の記憶を辿るとこんなネタでした。

「年寄りはよく、同じ死ぬなら畳の上で死にたいなんて言いますよね」

「そうそう、うちのばぁちゃんなんかもそう言っていますよ」

「こいつのババァなんか、いつでも畳の上で死ねるように、外に行くときでも畳背負って出かけるんですよ」

「そんなわけないだろ」

「こないだなんか転んで畳の下敷きになって、息を引き取って」

「いい加減にしなさい。もっと年寄りをいたわるような話をしなさいよ」

「何言ってんだ、俺くらい年寄りに親切な者はいないよ」

「本当かよ」

「本当だよ。こないだなんか年寄りに道聞かれて、近道教えちゃってさ」

「偉いな」

「偉いだろ。高速道路に連れてって、ばぁさん高速道路てくてく歩いちゃって」

「高速道路歩かせたら危ないじゃないか」

「俺、最近ステレオを買っちゃってさ」

「すごいな」

「それも四チャンネルだぞ、四つのスピーカーから音が出るんだ」

「迫力ありそうだな」

「そりゃすごいったらないよ、村田英雄が、四チャンネルで聞くとデューク・エイセスになって聞こえるんだから」

「そんなわけないだろ」

「デューク・エイセスを四チャンネルで聞くと、ドン・コサック合唱団になります」

「いい加減にしなさい」

「最近の若い奴らは物を大切にしないでしょ。すぐに捨てちゃう。そこいくと俺なんかは物を大事にしますから。もう徹底的に使いますから」

「偉いなぁ」

「レコードなんかも捨てないで、すり減るまで聞きます。こないだなんか、西城秀樹聞いていたら、裏面が出てきちゃって、『おまんた囃子《ばやし》』になっちゃって。おまんたー」

「そんなわけないだろ。なんで裏面におまんた囃子が入っているんだ」

面白いし笑いの連続で、浅草の観客は大喜びです。このところ、少しずつですがテレビにも出るようになり、ツービートが世間に認知されてきました。

私は披露目の十日間は、他の仕事を取らずに、演芸場に専念しました。舞台が終わると毎晩、ご贔屓《ひいき》のお客さんか、親父か、たけちゃんと呑みに行きました。たけちゃんは呑んでいても、ネタを考えています。毎日一緒にいるとネタが練られてゆく過程が分かります。

たけちゃんにはネタを膨らませる黄金律があります。

四チャンネルのスピーカーで、一人の歌手が四人に聞こえるという発想をまず思いつくと、それをどう膨らませるとうけるか。たけちゃんは、呑んでいる間中あれこれいじくりまわします。歌手は誰を出したら面白いか、村田英雄がいいのか、北島三郎がいいのか、森進一がいいのか、人を差し替えて、どの四人のチームになったら面白いかでまた悩みます。

「ダークダックスだと有名すぎるんだよな。当たり前になっちゃってさ、きっと笑いが薄くなると思うんだ。といってボニージャックスだと知らないお客さんがいるからな。やっぱりデューク・エイセスくらいがちょうどいいんだよな」

このデューク・エイセスがちょうどいいという結論が私にはわかりません。たけちゃんにすれば、四人のチームで、デューク・エイセスにしたことが自分のセンスだと信じています。お客さんにとってはどうでもいいような話ですが、たけちゃんはそこに異常にこだわります。

しかし、デューク・エイセスとドン・コサック合唱団が落ちでは笑いが弱いと判断すると、もう少し強烈なネタを考えます。レコードを聞きすぎると裏面が出るという発想です。これは非凡です。

西城秀樹のレコードを聞きすぎて裏面が出るというネタも、西城秀樹のレコードのB面が出て来たんでは面白くない。ここは思いっきりばかばかしく落としたい。言葉でばかばかしく聞こえる曲って何かと考えて、三波春夫の「おまんた囃子」に至ります。そこに到達するまで何日もネタを練るのです。

私はたけちゃんと飲むときは、酒と肴を切らさずに、緩くラフな環境を作り、たけちゃんに喋りたいだけ喋らせます。私はゲラですから、面白いと大笑いをします。そうするとたけちゃんは確信をつかみます。数日前に呑んでいた時に話していたネタが、舞台にかかって、ようやくうけるようになります。それを私が、

「あのネタ、初日よりも格段に面白くなったね」

というと、たけちゃんは素直に喜んでくれます。

ところで、私が頻繁に浅草に行く理由は、親父を探すことや、たけちゃんの舞台を見ることだけが目的なのではありません。浅草の近辺には職人が多く住んでいて、私のマジックの道具を作ってくれるのです。木工、塗り、鉄工、金銀飾り細工、金襴、あらゆる職人が浅草、下谷、向島あたりに住んでいます。この人たちに協力をしてもらって、絶えてしまった昔の手妻の道具を、古書や浮世絵などを元に復活させようとしていたのです。

なるべく江戸時代の通りに作ってみたいと思いましたが、これが簡単なようでいて、二十代の私には困難を極めました。何しろ誰もやらない仕事です。しかも、資金がいくらあっても足りません。

私は、道具を作り始めるとほとんど毎日、職人の作業場に出かけて行きます。向島の木工屋に総体を頼み、それを王子の鉄工所に持ってゆき、浅草の飾り職人に昔を真似て金具を作ってもらって、漆を塗り、ようやく完成します。かなり立派な道具が出来上がります。それを仕事先に売り込むと珍しがられて、随分出演依頼が来るようになりました。

ある日、楽屋にかけておいた上着の財布から三万円が抜かれていました。中身だけありません。事務所に話すと、早速各楽屋に触れて回ってくれて、盗難注意のビラまで貼ってくれました。このところ演芸場で盗難が多いらしいのです。

芸人の金を抜くというのは難しいことではありません。芸人の出番の時刻を知っていれば、その間は必ず楽屋は空ですから、難なく盗みができるのです。大部屋だと、誰かが博《ばく》打《ち》をしていますから、他人の上着に触れることは至難です。その点奇術師は、道具が多いため個室を貰います。個室は人の出入りが少なく目立ちません。これが狙い目です。私は、この一年前にも財布から一万五千円抜かれたことがありました。密《ひそ》かに私を覗き見していて、楽屋に上がり込んで金を抜いたのでしょう。その間、ずっと監視されていたかと思うと空恐ろしくなります。

演芸場に十日間出て三万盗まれたらタダ働きと同じです。それでも今回は私の披露目ですから、連日お客さんが楽屋に来て、ご祝儀をくれます。見かけはお金が集まって景気良さげですが、あとで、道具代、衣装代を支払わなければいけません。使える金というのはないのです。

ところが、親父は私が金を持っているのを知っていますから、度々無心に来ます。私は、「いや、貸したいのは山々だけども、昨日、財布に入れておいた三万を楽屋で取られちゃったんだよ。とても今は貸せる身分じゃあないよ」

「でも祝儀があるじゃないか。だからさ、昨日、三万盗まれたと思うから貸せないんだよ。昨日、四万盗まれたと思えば、貸せるじゃないか」

私の金を狙っているのは泥棒だけではないのです。身内こそが強敵です。しかも親父の理屈には妙な説得力があります。親父は頭がいいのです。

「あのねぇ、世の中の親父は、倅《せがれ》が盗難に遭ったと言えば、心中を察して、気の毒にと、多少援助してくれるものなのに、親父は泥棒の稼ぎに上乗せするのかぃ。うーん、恐れ入ったよ」


話は前後しますが、私の披露の前年、昭和五十一年にツービートは漫才教団（のちの漫才協会）に加入して、ＮＨＫの漫才コンクールに出場しました。しかし一回目は入賞できませんでした。たけちゃんはそれをとても残念がりました。でも、私から見たなら、たけちゃんがコンクールに落選をして落ち込むこと自体意外でした。私は、ひやかしのつもりで出ていたのかと思っていました。酒を呑みながら、たけちゃんは、

「何で俺が○○に負けるんだ。どうして△△なんかが選ばれるんだ。絶対俺の方が面白いのに、ＮＨＫは何を考えてコンクールをしているんだ」

たけちゃんは心の底から悔しがっていました。しかし私は、

「でも、これはＮＨＫのコンクールでしょう。ブスネタもババァネタも駄目だよ。いくら

面白くても特定の人を犠牲にするネタをＮＨＫは認めないよ。優勝した、昭和のいる・こいるさんを見たらわかるでしょ。当たり障りのない健全な漫才だよ。ああいう漫才がＮＨＫは好きなんだと思うよ。ＮＨＫはこれまでの漫才の文化を残したいんでしょう。それを、既成の概念をぶち壊して漫才をしようとするたけちゃんがＮＨＫの評価を求めることが間違いだと思うよ」

と、話しても、たけちゃんの不満は収まりません。なんにしても、これほど頭が良くて、向上心の強い人でありながら、なぜ、相手の意図するところを汲み取らないのか、と思います。この先も毎回ＮＨＫのコンクールに出ますが、たけちゃんはドン・キホーテの如《ごと》く、常に真正面から風車に突っ込んでは大怪我をして、一人傷心の身を酒で慰めているのです。

2

そして今年、昭和五十二年。再度ツービートは漫才コンクールに出場しました。今度は特別新人賞を貰いました。しかしその回の優勝者は星セント・ルイスでした。たけちゃんの入賞を祝って呑みに行くと、たけちゃんは初めのうちは、入賞したことを喜んでいましたが、徐々にセント・ルイスさんへの不満が燻《くすぶ》ります。絶対にセント・ルイスさんよりも自分たちの方が面白いと主張します。

たけちゃんは一から十までセント・ルイスさんを否定しました。たけちゃんに言わせればセント・ルイスさんは、似非《えせ》インテリで、聞きなれない単語をちりばめることでインテリぶっているだけ。話の内容とは何の関係もなく、ネタは少しも面白くない。自分たちの方が絶対面白いと言い続けます。私は、

「その通りだと思うよ。笑いの数ではツービートの方が上だよ。でもさ、ＮＨＫ向きのネタとか、漫才の構成で言うとやはりセント・ルイスさんの方が上だと思うよ。それにセントさんにはある種、謎の部分があると思う」

「なんだよ謎って」

「セントさんには、この人はどんな人なんだろうって、思わせる得体の知れないものがあるよ。そこを匂わすところがセントさんの魔法なんだと思う」

たけちゃんは私の口から「謎」だの「魔法」が出てくるとは思わなかったようです。

「マジックって、たけちゃんも知っていると思うけど、種がわかればある程度はできるでしょ。でも、実際やってみると素人のマジックではうけないよね。プロとアマチュアの違いは、プロはマジシャンという役を掘り下げて、役作りをしてマジックをしているんだよ。それをお客さんが見たときに、『あんなふうな人なら、不思議なこともやりかねない』と思うわけ。

本当はどんなふうに役を作ったって魔法使いにはなれないいんだけど。でも他人と違う雰囲気を作り出すことで、何となく演技に説得力が生まれる。ところがアマチュアはそんなこと考えないから、商店の親父はいかにも商店の親父が趣味でマジックをしているように見えるし、勤め人はいかにも勤め人がマジックをしているように見える。それは役ができていないんだ。仮に技が巧くても、雰囲気がないとちっとも不思議に見えないんだ。どこか謎のある人、という程度のちょっとした役作りをするだけで、人は魔法を信じてくれる。

セントさんという人は、芝居ができるから、日頃の役作りができているんだよ。セントさんの漫才には、何らかの背景があって、未知なるものを備えているように見えるんだ。

俺はそうした人が漫才をするというのが面白いと思うんだ」

するとたけちゃんは、「でもセント・ルイスの漫才は理屈っぽくって面白くないぜ」

「だからさ、面白さではたけちゃんの方が上だよ。でも、セント・ルイスさんは、何かがあると思わせる雰囲気を持っているよ。お菓子だって、そうじゃない。桐箱に入っているカステラと、紙箱に入っているカステラが、仮に、中身が同じだとしても、桐箱の方がより高級で、いい素材を使って作っているように思えるでしょ。その違いだと思うよ」

と、いくら言ってもたけちゃんは納得しません。納得する気がないのです。

さて、親父はこの頃から、行きつけの呑み屋、最上川に寝泊まりするようになりました。最上川は映画街通りにあった広場で、仮設の店から始めて二年くらいで一軒店が持てるようになりました。その店は二階建てですが、店を改築する際にロフトを作りました。親父はそれに目をつけて、そこなら、一杯飲んだ後そのまま眠れるから都合がいいと勝手に決めこんでロフトに住みついたのです。店の主人、肇さんも初めのうちは、気軽に親父を泊めていましたが、そのうち店に夜具布団が届きました。

「なんだこれ、こんなものうちは頼まないよ」

「いえ、あの、背が低くて頭の大きい人がお金を払っていきましたが」

「ああ、それじゃ南の親父だ」

結局、布団持ち込みで住み着いてしまいました。


親父は毎朝、硝子湯《がらす》という風呂屋に行きます。そこは昔ながらに朝風呂をやっています。硝子湯の親父は親父のファンですから、金を取りません。取らないどころか親父は硝子湯の親父に時々マッサージまでしてもらい、その上勝手に牛乳まで飲みます。全部タダです。

「一緒に朝風呂に行こうよ」

と、親父はしきりと私を誘いますが、私が付いて行ったら集《たか》りの二乗になってしまいます。申し訳なくてとても行けません。風呂のあと喫茶店に行って、モーニングセットを頼み、その日の競馬を予想します。そして開店に合わせてパチンコ屋に行きます。親父はギャンブルがめっぽう強く、実に記憶力がいいのです。一度見ただけで十桁数字の羅列をすぐに覚えてしまいます。また、性格が小まめで、遊びに労力を惜しみません。以前、私

に、

「お前パチンコするか？」

「時々するよ」

「で、勝ってるのか？」

「めったに取れない」

「どういうふうに台を選んでいるんだ」

「目で見て出そうな台を選ぶだけ」

「そんなんで取れるわけがないだろう。いいか、パチンコで勝ちたいと思ったら、前の晩、パチンコ屋が閉店する一時間前に行くんだ。それで箱を一箱くらい出している台を全部メモしておく。それ以上出ている台や、打ち止め台は、閉店後に釘を締めてしまうから、せいぜい一箱に少し足らないくらい出ている台がちょうどいいんだ。翌日開店と同時に入って、調べた台でやってごらん。まず一箱は取れるよ。うまく行けば打ち止めもできる」

その後、勝率は格段に上がりました。当時、パチンコ屋は毎日釘を調整していましたから、打ち止め台を翌日打っても釘を締められて玉は出ません。前の晩に一箱くらい出た台なら釘が甘いのです。親父は、毎朝パチンコ屋に行って、昼迄にはその日の呑み代を稼ぎます。

昼には演芸場に行き、楽屋で麻雀、トランプをします。麻雀もトランプもひたすら表に見えている牌、カードを記憶します。そして、いい牌がどこに置かれているかを記憶します。後は相手の癖を読み取ります。楽屋のギャンブルならそれで楽に勝てると言っていました。

博打をしながら、甲州屋という蕎麦屋から出前を取ります。出前のネタが、天ぷら蕎麦になるか、盛り蕎麦になるかは、朝のパチンコの出具合によります。

そのあと演芸場か、キャバレーの仕事に行き、なければ、夜に馴染みの店を何軒か回って遊びます。間にパチンコ屋に行っていい台をチェックします。そして夜更けに最上川の屋根裏部屋に戻って寝ます。これが親父の一日のコースです。猫のような気ままな人生です。

これは晩年の話ですが、親父が名古屋の大須演芸場に出演しているときに、連日朝、演芸場の三軒隣にあるパチンコ屋に行き、朝から遊んでいます。ところが、ある日、親父は出番になっても劇場に戻って来ません。大須の社長はいつものことだと思って、

「おい、おとッつぁんがパチンコ屋にいるから呼んで来い」

と若手の漫才を呼びにやると、親父は、もうすでに二十箱も出しています。

「師匠、大当たりですねぇ。でも、もう出番ですよ」

「おう、お前いいところに来た。社長にな、今日は、南けんじは休みますと言ってくれ」

「えぇ、師匠、まずいですよ。劇場を休むんですか」

「そうさ、だってこんなに玉が出ているんだぜ。いいか、今の時点でもう大須の十日分のギャラ以上稼いでいるんだぞ。これを途中で止められるか。な、だから今日は劇場を休む」

「師匠まずいですよ。師匠はトリじゃあないですか。トリが出ないというのはだめですよ」

「だからさぁ、お前出ろよ」

「何言ってんですか、俺達は一本目の芸人ですから、師匠が出たそのあと休憩があって、

二回目の公演になってから、俺たちが出るんですよ」

「ちょうどいいよ。お前たちがトリに出て少し長く喋れば、俺の分と自分の分が一緒に喋れて時間のつじつまが合うじゃないか」

「いや、そんな問題じゃあないですよ」

「いいから、お前たちに千円ずつ小遣いをやるから、社長に言え。俺は今日は休むって」

若手が演芸場に戻って、師匠は今日は休むそうです、というと、社長は真っ赤になって怒り、

「世の中に、新幹線が遅れて来れないとか、交通事故で来れないことはあっても、三軒隣でパチンコしていて来れないってことがあるか。もういい、おとっつぁんの看板を下ろせ」

親父の方はその晩に、四十箱の玉を出して、上機嫌で呑み屋で呑んで、

「あぁ、そうだ、明日の出番調べておこう」

夜更けに演芸場に戻り、出番表を見ると、南けんじの札に死亡と書いた紙が貼ってあったそうです。翌日、大須の社長は親父と顔を合わせても、一言も口をきいてくれません。

親父は、三十万ほどパチンコで稼いだので、大須の最終日に、上機嫌で床屋に行き、頭をさっぱりさせて、東京に帰って行きました。その姿を見て、大須の社長は、
「大概の芸人はな、劇場の初日に合わせて床屋に行くもんや、あのおとッつぁんだけは楽日に床屋に行って、綺麗になって東京に帰っていったで。何考えとるんや」

親父は、いつも自分の失敗談を、松竹の楽屋で面白可笑しく話していました。
私からすれば恥ずかしい親父です。ところがたけちゃんは親父のすることを喜んでいました。呑んで、遊んで、芸で稼いで生きている親父の姿はたけちゃんの理想だったのでしょう。

考えてみると、私の親父と言い、フランス座の深見千三郎さんと言い、たけちゃんにすれば、芸人臭い芸人が好きなのです。後《のち》に、たけちゃんは深見さんをべた褒めしますが、実際深見さんという人の芸が、当時ですら芸人仲間の噂に上ったことはありません。それをなぜあそこまでたけちゃんが褒めるのかわかりません。芸人になりたくて、浅草に出て来て初めて出会った人が、良き時代の芸人の匂いがする人だったから好きになったので

しょうか。

およそたけちゃんは演芸場に出ている若手の漫才や、コントの連中とは喫茶店に行ったり、酒を呑んだりしません。あまり仲間付き合いは巧くないのです。それが、私と親父の誘いだけは断りません。なぜ私を気に入ってくれていたかと言えば、おそらく親父の息子だからでしょう。親父は面白いから好きなのです。ただし、たけちゃんが好きだという親父の性格は、私にとっては恥部そのものです。酒を呑んで舞台に上がったり、出番をとちったり、ギャラをそっくり競馬で擦ったり、親父のすることは、正直他人《ひと》に言えないことばかりです。

今更親父に立派に、正しく生きて欲しいとは思いませんが、自分のしている芸だけは責任を持ってやって欲しいと思っていました。そこが崩れてしまうと芸人として三流です。それを他の芸人が面白がって、これこそ芸人らしい生き方だと褒めます。芸人の中には、

「もっと親父さんを見習ったらどうだ」

と言う人もあります。私が親父を真似て生きるなんてできるわけがないのです。私にす

れば親父のだらしなさを幼いころから嫌というほど見ていますから、母親の反対を押し切って芸人になった時に、親父のような芸人にはなるまいと誓いを立てたのです。しっかり芸を身に付けて、稼げる奇術師になって、親に迷惑をかけないような、いい奇術師になろうと思ったのです。二代目の芸人というのは大なり小なりこんな生き方をするものです。

そもそも、私が母親の腹に入ったころ、まだ両親は結婚していなかったのです。しかし、腹が大きくなるにつれ、子供を堕ろして別れるか、産んで一緒になるかの二択を迫られます。昭和二十九年のことです。

しかし、出産と、婚礼の両方をするには当時の金で三十万が必要です。一万円の金もない親父には到底無理な話です。母親に急《せ》かされながらどうするか悩んでいると、長いこと追いかけていた競輪選手が、鶴見の花月園に出ることがわかりました。

親父はそこに起死回生の好機を見ました。そこで、なけなしの銭を持って鶴見に向かいます。途中で親父の父親（爺さん）が寺の屋根の上で、銅板を葺いていました。爺さんはブリキ職人です。ブリキ職人にとって、銅葺きの仕事は最高の収入です。爺さんは屋根の

上から、

「おい、どこへ行くんだよ」

「あぁ、俺が追いかけていた競輪の選手が、今日花月園に出るんだ。ちょっと行ってくる」

「行ってくるはいいが軍資金はあるのかよ。何なら少し出そうか」

「あぁ、そりゃあ助かるなぁ」

親父は爺さんの金を持って鶴見に行きます。すると、その日はどうしたものか一レースから当たり続けます。狙った選手も大当たりです。お終《しま》いのレースまで付きまくって、換金所に行くと、五十万になりました。勤め人の月給が八千円くらいの時代です。当時は一万円札もありません。全部百円札で、あっちこっちのポケットに札束を詰め込みますが入りきれません。親父が生まれて初めて手にした大金でした。換金所のおばさんが、窓の向こうから、

「気をつけてくださいよ。そんな大金を持って歩くと狙われますよ」

言われて、親父はタクシーを奮発して、車で夕暮れ時の池上に戻ります。爺さんの仕事

場の前に車をつけると、まだ爺さんはお寺の屋根の上で仕事をしています。爺さんが、

「おい、どうした、取られたんだろ、しょうがねえなぁ」

「いや、親父よぅ、大当たりだよ。初めから終いまで買う車券、買う車券全部当たり」

「嘘つけ、とぼけやがって、それじゃあ金見せて見ろよ」

親父は、ポケットや下着に直《じか》に入れた、輪ゴムで止めたごわごわしてふやけた百円札の束を、一塊《ひとかたまり》ずつ路上に置いていくと、爺さんは驚いて屋根から転げ落ちてしまいました。

「親父、大丈夫かい」

「大丈夫だ、心配はいらない。そうとわかれば仕事はやめだ、酒と魚を注文しろ。早く家に帰ろう。もう俺はしばらくは仕事なんかしないぞ」

と、連日親子で酒盛りが続いたそうです。そして、その金で私が生まれたというわけです。逆に言えば、競輪が当たらなかったら、私はこの世にいなかったのです。はかない命です。こういう話を、親父は面白がって芸人仲間に話しますが、私は恥ずかしくて言えません。

私が五歳か六歳の時ですが、家にいよいよ金がなくなって、あれこれ支払いをしなければならないのにどうにもなりません、母親はヒステリックに大声を出して、

「いったいどうやって生きて行くのよ。真剣に考えなさいよ」

と怒鳴りました。親父はちゃぶ台の前に座って、十分か二十分、下を向いて殊勝に考え込んでいましたが、そうしていても面白くないので、つい、小さな声で「〽夕焼け空がまっ赤ッか、とんびがくるりと輪をかいたぁ」と歌を歌いました。その瞬間、台所から茶碗が飛んできて、

「ちっとも真剣になっていないじゃないの」

とヒステリーです。すると親父は、小さな声で、

「だけどなぁ、じゃあだよ、俺がここでどうしたら金ができるかって、黙って真剣に悩んだら、お膳の上に千円札が何枚か出て来るかい。出て来ないだろう。出て来ないでただ下向いていたってしょうがないだろ。そうなら歌でも歌うほかないだろう」

と、卑屈な顔で、上目遣いに母親を眺めながら言い訳をしました。その時の親父の顔を、六十年近くたった今も、私は忘れることができません。子供心に、これは駄目な人だと思

いました。この場は「ひと月でも別の仕事をして、金を作るよ」と言って、母親をなだめるのが筋でしょう。それを、退屈だからって、三橋美智也を歌ってしまうところが親父です。五歳の子供にすら駄目がばれてしまうのですから、親父の駄目も筋金入りです。

この親父の生き方を真似してはいけないということは、当時まだ、学校に上がっていなかった私ですらわかります。私にすれば、親父の生き方を見て育ち、ここに人生の成功はないと、身に染みてわかっていたのです。いくら芸人仲間が親父を見習えと言っても、たけちゃんが親父に憧れたとしても、私は親父のようになりたいとは思わなかったのです。

ところが、連日たけちゃんと親父の間に入って二人の様子を見ていると、自分の生き方に自信が持てなくなってきました。そもそも真面目な芸人という目標そのものが間違っていないか。一体真面目な芸人というのが、世の中の何の役に立つのだろうか。芸人というのは面白くばかばかしく生きるから人が追いかけてでも見たいのではないか。

むしろ、親父やたけちゃんのように、己の欲のまま、ありのままに生きることの方が芸人として優れてはいないか。そうなら、親父の生き方もありかなぁ、と思うようになりました。しかし同時に、私の元となる考えはおいそれとは崩れません。なんせ親父は、母親が訴える生活の苦しみを、鳶《とんび》がくるりと輪をかいた、で済まそうとする人ですから。

結局私はその後、真面目な芸人と、自由気ままな芸人の生き方の狭間を行ったり来たり、うろうろして生きることになります。それが成功なのか失敗なのかはわかりません。良くも悪くも、それが私です。そのことは、また後の章でお話ししましょう。

漫才やめて坊主になるの巻

1

やがてたけちゃんに救いの神が現れます。

一年くらい前から演芸場にミキ・ミチという漫才が頻繁に出るようになりました。二人とも演芸場に出る女流芸人の中ではとても綺麗でした。こう言うと曖昧な表現になりますが、当時、演芸場に出ていた女流芸人というのは、内海桂子・好江、三味線漫談の玉川スミ、松鶴家千代菊と言った、年配の芸人が多かったため、そもそも二十代の女流漫才は目立ちます。演芸場の中では堂々の美人です。それが、いつどういうわけかは知りませんが、たけちゃんとミキちゃんが仲良くなりました。ある日、たけちゃんから、

「ミキと一緒になろうと思う」

と、聞かされました。元々ミキちゃんは陽気で、男並みに突っ込みの鋭い舞台勘のいい人でした。きっと内気で人に突っ込まれることで光るたけちゃんとは相性が合うと思いました。ところが、ミキちゃんは、結婚をすると、漫才をすっぱりやめてしまったのです。

私が、

「どうしてミキちゃんは漫才をやめたの」

と、たけちゃんに聞くと、

「二人で漫才をしていたら共倒れになるって言うんだ」

「でもミキ・ミチは稼いでいたんでしょう」

「結構いい稼ぎをしていたけどさ。でもね、互いが相方を抱えて生きるわけだから、二本の漫才で四人が生きていかなければならないだろう。それは無理だって言うんだ」

「なるほどなぁ、そうなら、ミキちゃんとたけちゃんで漫才組んだらどうなの」

「それも考えたんだよな。ミキなら達者だからなぁ、きよしより。……でもなぁ」

元々たけちゃんはボケが得意なのです。ところが、きよしさんがうまく突っ込んでくれないから、自分で突っ込んで、自分でぼけていたのです。しかしそれでは漫才としては形になりません。むしろ、女房のミキちゃんにガンガン突っ込まれて、亭主のたけちゃんがうろうろ情けない言い訳をする方が漫才らしくて面白いのです。

しかしこれまでの、きよしさんの献身的な姿勢を思えば、ツービートのコンビ解消はありえません。きよしさんは安い仕事でも熱心に取って来るし、たけちゃんのすることには何でも協力します。もう五年以上稼げない漫才を続けているのに文句一つ言いません。そもそもたけちゃんがきよしさんに助けてもらっている身で、コンビ解消云々を言い出せる立場ではないのです。いい相棒であり、いいマネージャーなのです。

「仮に、夫婦で漫才やったとして、仕事がない時なんか生きていけないぜ」

「そりゃあ、そうだね」

「でさぁ、ミキはホステスになるって言うんだ。どっちかがしっかり仕事をして稼がなきゃいけないって言うんだ」

「へぇ、えらいねミキちゃんは。ツービートを生かすために自分は芸の道を諦めたんだ」

「女はそういう時にぱっと諦められるところがすごいよな」

「いや、それはたけちゃんの才能を買っての上だよ。認めているんだよ、たけちゃんを」

　ある日、演芸場を終えて、たけちゃんが、

「今晩呑みに行かないか。俺がご馳走するよ」

「ええ、たけちゃんが、ご馳走してくれるの。珍しい。いいよ行くよ」

「亀有で呑もうよ」

「何？　亀有って、なんで亀有まで行くの」

「俺のアパートが亀有にあるんだよ。呑んだ後アパートにおいでよ」

「いや、行くのはいいけどさぁ、ミキちゃんと一緒なんでしょ。俺が行ったら邪魔じゃないの。新婚を邪魔しちゃあ悪いよ」

「大丈夫だよ、ミキは新太郎のことよく知ってるし」

こうしてたけちゃんと私は亀有まで行って、駅前のクラブに入りました。

「大丈夫なの、こんないい店に入って」

「うん、この店でミキがホステスやってるんだ。しばらくここで呑もうよ」

ボックスに座ると、ミキちゃんが来て、客の飲み残したボトルを置いて、

「新ちゃん久しぶり。しばらく二人で遊んでいてよ」

と言って、別の客のところへ行ってしまいました。私とたけちゃんはしばらくばかばかしい話をして酒を呑んでいたのですが、いつものようにはたけちゃんが気軽に話に乗って

きません。たけちゃんはミキちゃんが気になるらしく、ちょいちょい遠くのボックス席を見ています。ここで初めて私は自分の立場が分かりました。

たけちゃんはミキちゃんが気になって、ミキちゃんの店に来たいのです。そこで私をだしに使って、「新太郎がどうしても来たいって言うからさぁ、連れて来ちゃったよ」とかなんとか言って、店に入り込み、ミキちゃんの働く姿を見ていたいのでしょう。

そのミキちゃんは、団子屋の裏手のタコ社長のような、頭の毛が薄くて、デブで赤ら顔の親父と仲良く一杯やっています。社長は大声で笑いながら、何気にミキちゃんの肩に腕を回すと、たけちゃんはすっと立ち上がって客のところに行き、

「お客さん、ここはお触《さわ》りバーじゃないんですから、ホステスに触ってはいけません」

言われた客が、

「なんだお前は、何者なんだ」

「いや、近所の者です」

「何？　近所の者だ？　近所の者が何で俺に意見が言えるんだ」

「いえ、つい、見るに見かねて一言言いたくて」

慌ててミキちゃんがたけちゃんを連れて元の席に戻しました。そしてまたしばらく社長とミキちゃんは談笑していましたが、また社長がミキちゃんの肩に手をかけると、たけちゃんは立ち上がり、近くに行って、

「お客さん、それはいけませんよ。ここはお触りバーではありませんから」

「うるせぇなこの野郎。お前は何者なんだ」

「別に名を名乗るほどの者ではありません」

ミキちゃんはたけちゃんを表に連れ出して、バッグから三千円を出して、

「これでよそで呑んできなよ。あんたがいたんじゃ仕事にならないよ」

と二人は店から放り出されてしまいました。

結局私とたけちゃんは焼き鳥屋で時間をつぶしました。その間もたけちゃんはミキちゃんのことが心配なようでした。その後、アパートに行きました。六畳一間の小さな部屋です。玄関の靴箱の上に小さなプラスチックの箱が置いてあり、中に新聞紙が散らしてあって、ハムスターが一匹暮らしていました。

「可愛いだろう」
と、たけちゃんが言うので、中のハムスターを摑んで手の上に乗せると、
「もっと優しく握れよ」
と言います。たけちゃんにもこんなに優しいところがあるのかと思いました。

夜更けにミキちゃんが帰ってきました。二人に勧められて私が風呂に入ると、風呂の窓の外でひそひそ話が聞こえました。後で聞いたら、他人が風呂に入っているのを夫婦で覗くのが趣味なんだそうです。いやな趣味ですが、二人にとっては趣味が一致して幸せなのでしょう。

結局アパートに泊まることになり、夜遅くまで三人で飲みながら話をしましたが、話をしながらも、たけちゃんのばかばかしい話を、ミキちゃんは上手に膨らませて、笑いを大きくしていました。

実際ミキちゃんが突っ込んだネタの方が面白く、ひとネタが三倍も四倍も膨らんで、聞いていていて笑い転げました。これは並の夫婦ではありません。その姿を見て、「あぁ、いい

夫婦だなぁ」と思いました。これなら二人で話しているうちに台本一本書けてしまう。今でもツービートの漫才は演芸場で一番面白いけれど、この先、ミキちゃんにネタ作りを手伝ってもらったら、いいエディターを手に入れたことになって、きっとツービートは大きくなるでしょう。

実は私も一年前から、早稲田の学生と交際をしていました。秋田出身の公務員の娘、和子です。真面目です。およそギャグは言いません。私と和子、たけちゃんとミキちゃんを比べたなら、たけちゃんミキちゃんの方が家庭は面白いに決まっています。正直羨ましく思いました。

実際、ミキちゃんと一緒になって以降、これまでネタがこま切れだったツービートの漫才に、少しずつつながりが出てきました。一つのアイデアからバリエーションが膨らんで、流れができてきました。これはきっと夫婦で会話のキャッチボールをしながらネタを作っているからでしょう。まるでクラシック音楽の変奏曲のようにどんどん変化が生まれて、ネタが色彩豊かになりました。この頃の漫才はこんな感じでした。

「日本中に交通標語っていうのが書いてあるでしょ。寝る前に必ず絞めよう親の首」

「そんな交通標語あるか」

「はっとした、その一瞬がたまらない。とかね」

「危ないな」

「注意一秒怪我一生、車に飛び込め元気な子。とか」

「やめなさいって。当たり屋か」

「赤信号、みんなで渡れば怖くない、とかね」

「よしなさい。危ないじゃないか」

「気をつけよう、ブスが痴漢を待っている」

「なんだそれ、標語になってないじゃないか」

「こいつの田舎は山形なんですよ。知ってます？　日本のガラパゴスと言われていて」

「言わないってそんなこと。いや、いいとこですよ」

「山形の標語なんかすごいですよ。気をつけよう。牛は急に止まれない」

「そんな標語ないって」

「こいつの親父なんか見栄張っちゃって、こないだなんかオープンカーに乗ってるんですから。オープンカーですよ。車の横にク、ボ、タって」

「トラクターだろそれ、何がオープンカーだよ」

「山形は雪が多いですからね、屋根なんか三角になっていますよね、雪が落ちるように」

「そうそう」

「東京なんか直角でしょ、人が落ちるように」

「よしなさい、人が落ちてどうするの」

「山形は雪がすごく積もるんですよ。ときどきドカ雪になるんですよ。三メートルぐらい積もっちゃって、家も埋まっちゃうんですから。こいつなんか田舎に帰る時に、棒持って行って、棒を雪に刺しながらこの辺なんだけどなぁって、家探すんですよ」

「よしなさいって」

「しかも冬が長いですからね、冬になる前に漬物漬けたりして、冬に備えるんですよ。でもいつもより冬が一か月も伸びると大変ですよ。家の中で共食いが始まるんですから」

「いい加減にしなさい」

「ところでね、気をつけないといけないのは、子供って、何も知らないで何でも呑み込んじゃうでしょ」
「そうそう、危ないですよね」
「俺なんか子供のころにビー玉二個飲んじゃって、どこ行ったのかなーと思っていたら、こないだ小便していたら、前に二つ下がってやんの」
「いい加減にしろ、それはビー玉じゃないよ」
「うちの姉さんなんか、子供のころカミソリ飲んで、今前が割れてますから」
「よしなさい」
「母親なんか、鉈《なた》飲んで、今、前バッサリです」
「いい加減にしなさい」

ようやく交通標語のネタが出てきました。たけちゃんは日ごろ星セント・ルイスさんのことをよく言いませんが、影響は大です。実際標語を入れると、メリハリが付いて、歯切れが良くなりました。しかもネタが印象に残ります。実際ツービートのネタが人の噂に乗るようになったのも、「赤信号……」が知られるようになってからでしょう。

さらに、ビー玉二つのアイデアが、カミソリになって、鉈に発展するところは、きっと夜中に夫婦で酒を呑みながら話が盛り上がって作ったのでしょう。これまで、かたくなに自分の考えを変えようとしなかったたけちゃんが、お客さんとの接点を真剣に考えるようになってきたように思います。これもミキちゃんと一緒になった効果でしょうか。

2

ある日演芸場で、たけちゃんが、

「いやー昨日、横山やすしさんと会ってさ。一緒に呑んだんだよ」

と自慢げに話し出しました。ツービートはテレビ朝日に出演した時に、横山やすしさんに初めて会って、やすしさんはたけちゃんの才能をすぐに認めてくれたそうです。尊敬するやすしさんと一緒に飲んだんですから、さぞやたけちゃんは満足だったのかと思うと、どうもそうではなかったようです。

昨晩、やすしさんからたけちゃんのアパートに突然電話がかかってきて、近所で呑んでいるから来い、と言う。天にも昇る思いで喜び勇んで行ってみると、やすしさんはもう出来上がっていて、しかも勘定が足らなかったらしく、たけちゃんに支払いを頼んだそうです。目の玉が飛び出るような高額な呑み代だったそうです。

もう一軒行こうということになり、たけちゃんは正直に懐具合を話したうえで、安い呑み屋に行ったのですが、そこに、見ず知らずのやくざの社長がいて、社長はやすしさんを見て大喜び。酒や肴をご馳走してくれたそうです。やすしさんは、相当酒が入っているため無茶が始まり、何か言っては笑いながら、

「なぁ、社長」

と言って社長の頭をパッカーンと引っぱたいたのです。人から頭を叩かれることなどありえない強面《こわもて》の社長です。周りの子分は大騒ぎ、社長も初めは子分を制して笑っていましたが、やすしさんが何度も頭を引っぱたくものですから、だんだん社長の機嫌が悪くなってきました。

そのうち、さすがのやすしさんもこの場の険悪な雰囲気を察して、身の危険を感じ、たけちゃんに断わりもなく、タクシーに乗ってさっさと退散しました。残されたたけちゃんは、やくざに囲まれ、命が縮まる思いだったそうです。

そうこうするうちにB&Bが本拠地を東京に移してきました。漫才教団にも所属し、松竹演芸場に出演しました。大阪の若手ナンバーワンの漫才がどんなものなのか、早速私も出かけて生の舞台を見ました。演芸場の大向こうの壁は、同業の漫才が何組も立って見ています。

猛スピードの喋りはテレビで見ていた通りですが、そのネタの切り返しがものすごく早い。しかも洋八さんが思っていた以上に達者で、全く互角に喋っています。無論、浅草の客はわんわんうけています。よほど二人は自信があると見えて、声がものすごく大きい。東京の漫才と比べると、車に例えたなら、東京は軽自動車。B&Bは三リッターのスポーツカーの排気量があります。出て来て声を発した瞬間からパワーが全然違います。こんな勢いで喋られたら、関東の漫才は押しつぶされてしまうでしょう。

ツービートと言えども、スピードも、声の迫力も全然違いますし、先ず、漫才のうまさが違います。ただし、私は、あとでB&Bがどんなネタを喋ったのか、一向に思い出せません。台詞の揚げ足取りや、洋八さんに喋らせておいて、洋七さんが無視するようなパターンを何度も繰り返すことで笑いを作っていました。

「これと言ったネタがないんだなぁ」

というのが私の感想でした。でも、面白いことは間違いありません。

住田課長も、横でじっと見ていて、

「やはり関西と関東では相当に開きがあるなぁ。関東の漫才が何組束になってかかっても

B&Bには勝てないなぁ」

と、呟きました。B&Bは毎月でも松竹演芸場に出演したいと言ってきました。無論演芸場は大歓迎です。ツービートもほぼ毎月出演するようになりました。ザ・ぼんちも大阪から浅草松竹演芸場に来演しました。私は、ザ・ぼんちとは以前に、大須《おおす》演芸場で何度か会っています。ここへきて松竹演芸場は急に活気づいてきました。

だからと言って、近々漫才ブームが来るのではないかと予言するような人は、この時点

ではまだいませんでした。

昭和五十三年、ツービートは三度目のＮＨＫ漫才コンクールに挑みました。ところが、今度は入賞もなかったのです。しかも優勝者が東京丸《あずま》・京平さんで、いわゆる旧来のスタイルの漫才でした。この時のたけちゃんの落ち込みは去年以上でした。去年はセント・ルイスさんをぼろくそにこき下ろしていましたが、今年は自分があまりに不甲斐なく、ライバルを叩く元気もありません。ひたすら嘆きまくっていました。酒を呑みながらもがっくり肩を落とし、

「俺、漫才やめようと思うんだ」

「漫才やめてどうすんの」

「坊主になろうかと思う」

「え、え？　坊主って、お寺の」

「うん、ミキの実家が大阪で寺をしているんだ。ミキは跡取りなんだけど、帰って来て寺を継げって言われているんだ。だから俺がミキに代わって寺を継ごうかと思うんだ」

「本気なの」

「うん、実は、吉川事務所のバンス（借金）がもう百万円になっちゃって、俺の稼ぎじゃ返せないんだ。だからもう漫才はやめようと思う」

私はこの時、瞬時に、

「もし自分が今、百万円用意すれば、ツービートを抱えることができる」

と、思いました。道具や衣装を作るために、こつこつためておいた金をたけちゃんに投資すれば、やってやれない話ではありません。ただし、手妻《てづま》の道も、芸人としての人生も諦めなければなりません。手妻への投資はこの数年始めたばかりです。どうしたものか。

私はたけちゃんと呑みながら真剣に悩みました。この時、もし私がたけちゃんの為に事務所を立ち上げていたなら、その後のオフィス北野の社長は私だったわけです。マネージメントなんてしたことがない私がなんでそう思ったのかはわかりません。ただ、このまま、ツービートという漫才が消えてなくなるのはもったいない。私が協力することでツービートが残るなら、自分の人生をツービートに賭けてもいいかなと思ったのです。

まさにこの時の私は、ツービートを守護する十字軍のような心持ちでした。もしこの時、誰かに一言、後押ししてもらっていたなら、私は手妻師の人生を捨てていたと思います。果たして、この思いは自分の心の中だけに終わり、やがて諦めてしまいました。この時私は、たけちゃんにこう言いました。

「いや、百万ぐらい大した金じゃないよ。吉川さんだって、すぐに返せって言ってるわけじゃないんでしょ。取り返せると思うから貸しているんでしょう。心配することはないよ。第一、たけちゃんは大阪で坊さんになって幸せなの。やっぱり漫才をしたいんじゃないの」

「でも、漫才コンクールは三度も落ちるし」

「それはさぁ、何度も言うけど、たけちゃんがコンクールに出ることそのものが間違いなんだと思うよ。あなたは形を壊して、新しい笑いを作ろうとしているんでしょ。それなら昔ながらの漫才を評価するＮＨＫのコンクールに出ること自体、違うと思うよ。あなたがそんなことにこだわるのがおかしいよ。初めから攻めるところを間違えているよ」

私はこの時まで、既成の形を破壊して生きるたけちゃんが、なぜＮＨＫのコンクールに出るのかが皆目わかりませんでした。その上、仕事が少ないと嘆きながら、それでもやくざ、ババァ、ブスネタをやめない姿勢が、無謀にしか思えませんでした。

しかし、この三度目のコンクールに落ちた後くらいから私は、たけちゃんの目指すところが別にあるのではないかと気付いてきました。それは、ツービート一本だけを見ているとわからないのですが、ツービート、B＆B、セント・ルイスと三本の漫才を並べてみると、その共通点が見えてきます。その共通点こそが次の時代のトレンドなのではないかと思えて来たのです。

この三本の漫才は過去の漫才とは全く違います。従来の笑いの形から笑いを作ろうとしません。話の筋に重きを置きません。何の脈絡もない細切れのネタを延々喋ります。さらに、猛スピードで喋ります。早くてわからないという人を置き去りにします。しかも、マンザイのウリの芸ともいえる掛け合いがほとんど出て来ません。徹底した漫談形式なのです。

つまり過去の漫才の否定です。漫才の形式や形を否定して、寄席、演芸の匂いを消し去っています。これが結果として演芸に興味のない若い客層を惹き付けていますし、これまでのどんな漫才も、この三本を見てしまうと過去の芸人に見えます。

三本がたまたま同時期に現れてきたことを思うと、次の漫才のトレンドが彼らにあるのではないかということが、初めて私に見えてきました。

だとすると、私がたけちゃんに、ストーリーをもう少ししっかり作ったらどうだとか、うんこおしっこの話をやめたらどうか等と意見するのは筋違いなのでしょう。ブスやうんこおしっこはツービートの強烈な個性なのです。そこを削ったら普通の漫才になってしまいます。ましてやマジックの指導をして、マジックをキャバレーで見せたら食えるよ、などということは問題外なのです。もし私の言うことを聞いたなら、演芸場や、キャバレーで小さく食べて行くだけの芸人になってしまいます。

そんな生き方をしていては、若い客層の支持は得られないでしょう。きっと、たけちゃんには少し先の世界が見えているのです。今は、自分の漫才を変えずにつっぱっていかなければ、大きな波はつかめないことを知っているのでしょう。ただし、大きな波が来るまでの間、どうやってしのいで行ったらいいかがわからないで毎日格闘しているのでしょう。私は以後、安易にたけちゃんに自分の意見を言うことはやめました。

実際、漫才ブーム以降、テレビでの喋りは変わってゆきます。それまでのテレビ番組の司会者は多くは落語家か漫才あるいはコントでした。どんな番組も、落語家や漫才師が出てきて落語、漫才の演芸っぽい口調で司会進行をしていたのです。

それは、漫才や落語家は臨機応変にアドリブが利くからです。当時、俳優や歌手、テレビの司会者は台本に書かれた以外のことは喋れなかったのです。アドリブなどというものは、落語家か漫才に頼まなければできないと思われていたのです。しかし、大学のキャンパスや六本木のディスコや、竹下通りの取材に、芸人口調の落語家が出て来ては違和感があります。そろそろ、テレビ独自の語り口が出てくることをみんなが求めていたのです。

結果から見たなら、漫才ブームは、現代の日常会話から、笑いを作るノウハウを提供しましたし、多くの人にアドリブで語るテクニックを教えました。これ以降、演芸の専売特許だった、笑いの作り方、アドリブが、テレビの司会者でも、俳優、歌手でも、テレビを見ている学生、視聴者でも、普通に面白いことが作り出せるようになったのです。

実際、日本人の日常会話の語彙が豊富になり、面白くなってきたのは漫才ブーム以降だと思います。ツービートやセント・ルイス、B&Bがこだわった語り口は、新しい漫才を作るだけでなく、次の時代のテレビの語り、日常の笑いを創造していったのだと思います。

3

ツービートはちらほらとテレビに出るようになり、やがて有名人からも認知されるようになっていきました。その都度、たけちゃんは嬉しそうに楽屋で私に話してくれます。

「いや、こないだ、高信《こうしん》さん（高信太郎、漫画家）に褒められちゃってよぅ。呑みにつれて行って貰ったんだ。そしたらそこに赤塚不二夫さんなんかいて、みんな俺のこと知ってるんだよな。でさ、仕事なんかも世話してくれてさ」

「すごいねぇ、売れ始めたね」

こういう時のたけちゃんは実に素直です。照れながら自慢げに話をします。別の日には、

「談志師匠がさぁ、俺の事べた褒めでさぁ、番組に出してくれるって言うんだよ」

と、嬉しそうに話します。確かに、ようやくたけちゃんに光が射してきたようです。と

ころが現実は、テレビの壁は厳しく、いくら談志師匠や赤塚さんが褒めてくれても、テレビ局のプロデューサーにすればたけちゃんは危険人物でした。いつ何を言うかわからない。平気で視聴者を敵に回すネタを喋るため、なかなかレギュラーが決まらなかったのです。

ある日親父が、

「浅草の木馬館《もくばかん》を借りて一日寄席をするんだけども、スポンサーが全額ギャラを出してくれるって言うから、しっかりしたメンバーを組みたいんだけどさ、若い奴は誰にしたらいい」

「そりゃあツービートだよ。今、売れてきているもん」

「でもあいつ三万円くらいでやるかな」

「多分やるよ、演芸場のことを思えばいい金だもん。きっとやるよ」

そう言って、ツービートに電話をすると、やる、ただし、三万円を先にくれと言いました。そこで親父は現金を渡しました。ところが、寄席の間際になって、他の仕事を入れてしまったので、木馬館に出られないと言ってきました。私はたけちゃんに電話をして、

「たけちゃんさぁ、それはまずいよ。親父はたけちゃんに金を先に渡しているんだよ。チラシにもツービートって書いちゃったんだよ」

「ごめん、ごめん、今度親父さんに会ったら謝るよ。その時、金を返すよ」

と言ったきり、その後、うやむやになってしまいました。親父は、

「たけしの奴、俺から金だけ取って、仕事に来ないんだからしょうがないなぁ」

と、それ以上は文句も言いませんでした。


その後、太田プロダクションが、たけちゃんの借金を肩代わりすることで、ツービートは、吉川事務所から太田プロに移籍したと聞かされました。太田プロは東京の演芸の世界では一番大きなプロダクションです。きっとツービートを熱心に売ってくれるでしょう。これでようやくツービートにも光が当たってきました。

それにしても、吉川事務所はなぜツービートを手放したのでしょうか。この事務所は兄弟で経営をされていて、若手を見つけ出すことに長けています。無名の伊藤一葉さんを見つけ出したり、後にマギー司郎さんを見つけ出したり、ツービートを専属にしたのは先見

の明があったと思います。それが、この年、一葉さんが癌で入院し、戦力がそがれたにもかかわらず、ツービートを手放しています。もったいない話です。この先吉川事務所と太田プロとは大きく明暗が分かれます。

昭和五十四年、演芸場の楽屋にたけちゃんの来客が増えるようになりました。仕事も結構忙しくなっています。テレビにも頻繁に出るようになって、少し知られるようになりました。

ある日、たけちゃんはクイズ番組に出て、腕時計を当てました。

「新太郎さぁ、ウォルサムの時計、クイズで当てたんだけども、買ってくれないか」

「いいよ、こないだ楽屋で時計盗まれちゃったから、いくら」

「値札が十五万って付いているんだけど、半値でどうだろう」

七万五千円は大金です。私が演芸場に十日間出ても四万円のころです。

「七万五千円は無理だよ。せいぜい出せて五万だよ。五万なら買ってもいいよ」

「それじゃあかみさんと相談して、明日返事するよ」

「でもさぁ、せっかくたけちゃんが当てたんだから、たけちゃんが使ったらどうなの」

するとたけちゃんは、照れた表情をして下を向いて、

「いや、俺はいいんだ。どうせまたクイズで当てるから」

結局私に売ってくれることになり、翌日、楽屋で現金と時計を交換しました。


その晩、親父と酒を呑んでいると、親父は時計を目ざとく見つけて、

「お前、いい時計をしてるなぁ。どうしたんだ、高かったろう」

「いや、たけちゃんがクイズで当てたのを買ってくれって言うから、五万円で買ったんだ」

「クイズの景品じゃあ危ないぞ。偽物じゃないか」

「親父よ、オメガと一緒にしないでよ。保証書もあるし」

「お前よく五万も持っていたなぁ」

「いや、道具代の金だよ。道具代の方は別口で支払うから、なんとかなるよ」

「そうかぁ、たけしから買ったのか。あいつは今が一番大事な時だからなぁ」

「一番大事な時って何」

「まぁ、売れ始めの時期が芸人は一番金がかかるんだよ。付き合う人は一遍に変わるし、偉い人との付き合いが広がるから、呑みに行くんでも、安いところには連れて行けない。タクシーにも乗らなきゃいけない、毎日どんどん金が出て行くんだ。演芸場の楽屋にいれば、一日千円でやっていけるけども、テレビ局のプロデューサーなんかとの付き合いが始まると、毎日一万円単位で金が出ていくぞ。でもこの時期を逃したら芸人は大きくなれないからな。借金してでも人と付き合わなければならないんだ。まぁ、売れなきゃ売れないで金がなくて苦労するし、売れたら売れたで金が足らなくて苦労が続くんだよ」

「売れてもすぐに暮らしが楽にはならないんだ。大変なんだなぁ」

その後、すぐにまたたけちゃんから、クイズで時計を当てたんでもう一つどうだと言ってきました。しかし、前にウォルサムを売ったことは当人が承知しているはずです。なんで依《よ》りによってたけちゃんは金目のものとみると、私に売ろうとするのか不思議です。他に芸人はたくさんいるのに。どうやらたけちゃんにとって私はカモなのでしょう。たけちゃんの手帳の私の名前の肩に丸にカモの絵でも書いてあるのです。丸カモの新ちゃんなのです。

大津波が来た
の巻

1

昭和五十四年。この翌年、五十五年に突如漫才ブームが起こって、漫才が揃って大活躍をしていきます。ただし、五十四年の時点では、誰一人漫才ブームを予測した人はいませんでした。

この頃のたけちゃんは破れかぶれで生きていたように思えます。売れては来ましたが、仕事の本数はばらつきがあったようです。私の仲間の間では、

「たけちゃんはある日突然、交通事故か何かで死んじゃうんじゃないだろうか」

と、心配する人が結構いました。別段何の根拠もないのですが、あの人が普段やっていることの無茶が極端になってきました。もう投げやりなのです。世の中に、才能がありながら世間との付き合いがまずくて若くして死んで行く秀才がありますが、たけちゃんはそのパターンと見られていたのです。

ネタは相変わらずブスやババァですが、この頃になると、ブスが名指しで出て来ます。

「研ナオコ。歌がまずけりゃただのブス」なんて言ってます。同様に、馬鹿と言うところを、ガッツ石松、とストレートに言っていました。どうせテレビが使ってくれないなら、言いたい放題言ってやれということのようです。酒の飲み方も半端じゃありません。出されりゃいくらでも呑みます。相棒のきよしさんも、

「このまま行ったら相方は、体を悪くして舞台に立てなくなるんじゃないか」

私が見ていても、たけちゃんは、お笑い界のトップに立つか、命を失うか、の二択を突き付けられているかのように見えます。たけちゃん自身も、長生きを望まないとよく言っていました。かつて三島由紀夫の生き方に共鳴して、自身の絶頂期に死にたいと漏らしていました。気が付けばたけちゃんは三十二です。もう自分自身の勝負時期は過ぎたと考えていたのでしょう。

あと一年経てばとんでもない大成功が来るというのに、たけちゃんには先が見えず、生活は乱れていたのです。たけちゃんと呑みに行って、私が、

「最近、何でも言いたいことが通るようになって、凄いよね」

「うん、おいらなんか失うものが何もないからね。できるだけ大騒ぎをして、二、三年売

れたらさっさとやめてスナックの親父にでもなって生きるしかねぇのかなあって思うんだ」

「今ようやく売れ出したのに、もう売れなくなった時のことを考えているんだ」

「どう考えてもこの仕事が長く続くわけがないもん。売れなくなったら、おいらが亀有かなんかでスナックのマスターになってさ、カウンターの後ろにツービートのブロマイドを額に飾ってさ、そこへお客が友達を連れてやって来て、自慢げにさ、『ここのマスター昔、漫才やっていたんだぜ』かなんか言って、訳知りに自慢するんだよ。おいらも、言われた手前、『赤信号みんなで渡れば怖くない』なんか言うと、客の友達が、『うんうん、そういやなんか昔聞いたことがある』かなんか言って、赤信号をネタに少し話題が盛り上がって、それでお終《しま》い。そんな人生になるんじゃないかと思うんだ」

「どうでもいいけど、随分消極的で、かつ、具体的な将来だね」

たけちゃんは、頭のいい人にありがちな、自分の人生を先回りして不幸を予測しておくタイプです。いくら不幸のシナリオを描いても、それは無意味だと思うのですが、たけちゃんは一途に考え込みます。そして一旦思い込むと、暴走して、危険な方向に進みます。

この数年後、映画監督の大島渚さんと付き合うようになると、大島さんはたけちゃんを躁鬱病《そううつびょう》だと言うようになります。たけちゃんも同じように自分を躁鬱病だと言い出します。しかしたけちゃんの性格は、劣等感と自尊心が交互に出ることから起こっていることで、この後、テレビで稼ぐようになると劣等感は影をひそめていきます。そうなら原因は生活苦です。生活苦が躁鬱病なら、若手の芸人はみんな躁鬱病患者です。本当の鬱病患者は、鬱期になると、歩くことも、話すことも、人前に出ることもできなくなるのですから。たけちゃんから躁鬱病の症状は見たことがありません。

たけちゃんは、喋っているときは面白いのですが、話が途切れると、ふと寂しさが表情に現れます。私はそんなとき、「あぁ、またたけちゃんは危ないところへ行きそうだな」と思うと、話を漫才のネタに切り替えます。すると、たけちゃんは笑いには絶対の自信を持っていますから、面白い話が次々に出てきます。その頃の漫才は、こんな風でした。

たけし「どうもツービートです。コマネチ」

きよし「なんだそれは」

た「私が将来なりたいもの、コマネチのタイツ」
き「いきなりよしなさい」
た「最近は差別用語をテレビなんかで言ってはいけないということになって、喋っていても言葉を選ばなければいけないんですよ。足の悪い人は足の不自由な人ね」
き「そうですよ」
た「目の見えない人は目の不自由な人」
き「そうそう」
た「やくざなんか小指の不自由な人って言うんですから」
き「よしなさい、危ないなぁ」
た「うちの事務所の社長なんか小指がないんですよ。最近健康のためにスイミングスクールに行ってるんですけど、クロールで真っすぐに泳いでいるつもりが、なぜか左に曲がってしまうんですよ。社長は、なぜ曲がるんだろうなぁって不思議がっちゃって」
き「危ない話をするなよ」

た「こいつみたいに顔のまずい奴は、顔の不自由な人ね」
き「なんだそれ」
た「それからこいつは頭の不自由な人で、財布が不自由な人ですから」
き「不自由ばっかりか」
た「でもこいつは顔はまずいですが、性格は悪いですから」
き「なんだそれ」
た「性格は悪いですが、家は貧乏です、家は貧乏ですが腹は黒いですよ」
き「いいとこないじゃないか」
た「腹は黒いですが漫才は下手です」
き「やめなさいって」

そんな折、大阪漫才の幹部、Wヤングさんの相方中田治雄さんが熱海で飛び降り自殺をします。巧さにおいては横山やすし・西川きよしさんと並んで、人気を二分していたコンビです。その中田さんの自殺には、誰もが驚きました。博打《ばくち》の借金が抜き差しならないところにきていたそうです。しかし、Wヤングは売れていたのです。結果論ではありますが、自殺をあと一年待ったなら、Wヤングさんは漫才ブームの中心に立って、とんでもなく稼げた人です。四十一歳。あまりに早まった死でした。Wヤングさんのことはたけちゃんが舞台で、

たけし「こないだ熱海に行ったらさ、靴を拾っちゃって」
きよし「どんな靴」
た「男物で、崖に置いてあったんだ。靴に名前が書いてあって、中田治雄って」
き「よしなさいそのネタは。まずいだろ」

たけちゃんは、怖いものなしです。

程なく、ギャグメッセンジャーズというコントをしていたなるみ信さんが亡くなりました。かつては太田プロに所属して、相当に売れたコントでした。私の子供のころはよくテレビに出ていました。名古屋での私の披露目の際に、付き合って出演してくれました。と

ころが、だいぶ前から仕事が減っていたようです。楽屋で会っても元気がありませんでした。

通夜を訪ねると、一間の公団住宅に住んでいて、小さな仏壇と、ちゃぶ台、満足な家具もありません。死んだときには家族もなく、誰にも見守られることなく亡くなったようです。枕元には自分が活躍していた頃のアルバムが数冊置いてありました。何もない部屋で自分のよき時代の写真を眺めて自分を慰めていたのでしょう。几帳面で、真面目な人でした。

その晩は、同じコント仲間が集まって、酒とつまみでお通夜をしました。私と親父とで出かけて行くと、なるみさんと同年配のコメディアンが、

「なるみちゃんはよう、結局、貧乏をこじらせて死んじゃったんだな」

貧乏をこじらせるというのは新鮮な病名です。思わず笑ってしまいました。しかしそう言ったコメディアン自身も、相当に貧乏をこじらせていそうに見えました。台所の湯飲み茶碗に布巾代わりに、私の披露目で配った手ぬぐいが掛けてありました。こんなところで役に立っているとは思いませんでした。帰りに親父が、

「随分寂しい葬式だったな」

と言うので、

「親父よ、明日は我が身だよ。俺がいる限りは親父の葬式くらいは出すけどもさぁ、いなけりゃ親父もなるみさんと同じで餓死だよ」

「そうかぁ、そうだな。俺も人のことは言えないんだなぁ。まぁ、よろしく頼むよ」

この年、私はベルギーのマジック世界大会に出かけました。世界のマジックのレベルがどれくらいのものか見ておきたかったのです。行ってみると、見るものすべてが珍しく、勉強になることが多かったのですが、それよりも何よりも、日本の伝統奇術を見たがる人が多かったのは意外でした。アメリカのマジシャンとも仲良くなり、アメリカに来いとしきりに勧められました。それなら来年はアメリカに行ってみようと決意しました。

このまま日本にいて、松竹演芸場や、大須《おおす》演芸場、キャバレーに出演していても、仕事の限界は見えています。実際、帰りがけにパリに寄って、パリの知人のマジシャンが出ているキャバレーに行くと、店は閑古鳥でした。マジシャンに聞くと、もうキャバレーの仕事はこの先難しいと言います。フランスがそうなら、日本もそう遠からず、キャバレーは頭打ちになるでしょう。だとするなら新しい活動場所を探さなければいけません。

日本に帰ると私は、キャバレー以外の仕事場を探そうと躍起になりました。そのためには従来のマジックではだめです。書き留めておいたアイデアで新しいマジックを制作するために、木工所や鉄工所に通い詰めました。舞台と道具制作で、かなり生活は忙しくなりました。

そんな折、マジックのメーカーから、たけちゃんに貸した道具の代金が全く支払われていないから何とかしてくれと言われました。間を見て演芸場に行き、たけちゃんに会いました。たけちゃんもかなり忙しくなってきています。それでも会って、酒を呑みながら、

「あの、奇術の道具代だけども、全く払ってないって、メーカーが言ってきたよ」

と言うと、たけちゃんは、「あぁ、そうだ、そうだ。払っておくよ」と気安く答えました。それならよもや間違いはないだろうと安心しました。ところが、その後も全く支払われなかったのです。結局私のところに請求が来て、私がマジック道具代金五万三千円を支払いました。指導をして、道具の手配をしてやって、その上代金まで支払って、全く散々

です。

ところで、同じころ、演芸場で楽屋荒しをしていた若手芸人が現行犯でつかまりました。犯人はよく知っている仲間だっただけにつかまった時にはショックでした。警察が男のアパートに行くと、ネックレスから時計から、カフスボタンから、あらゆるものがあったそうです。中には松鶴家千代若・千代菊師匠の、紫綬褒章の勲章まであったそうです。勲章は質屋に持って行ってもすぐに足がついてしまいます。売るに売れなかったのでしょう。

あの時代の演芸場の出演者はみんなカスカスの暮らしをしていましたから、小銭でも取られればえらく堪えたでしょう。取る方も取られる方もみんな貧しかったのです。結局、私の取られたものは返ってきませんでした。しかしそれよりも、仲間に金をとられるというのはショックです。泥棒の手帖でも、私には丸カモマークがつけられていたのでしょう。

2

昭和五十五年、この年に漫才は大ブームを起こします。そのリーダーはB&Bでした。初めは東阪企画のプロデューサー澤田隆治さんが演芸番組を組みました。澤田さんは前年から日曜夜九時のゴールデンタイムにフジテレビで一時間の番組「花王名人劇場」を持っていて、当初はドラマを作って放送していました。ところがどうしたものか、ドラマがなかなか当たりません。ドラマは衣装やロケ、人件費で莫大な費用が掛かります。金をかけて当たらないとなると、スポンサーから番組打ち切りを言われます。

そこで、経費を少なくするために、一度、演芸を組んでみようと企画します。費用はドラマの数分の一でできます。しかしこの時期、演芸ブームは去り、とてもゴールデンタイムに演芸を放映する局などありません。それでも澤田さんは、初めは月の家圓鏡さんを看板に、ツービートを入れて番組を考えましたが、何を言うかわからないツービートは怖くて使えません。そこでツービートに十分のネタを二本持って来させて、やりたいようにやらせて、編集の時にどうしても流せない部分は切って、二本のネタで一本の漫才に仕立てたのです。これでフジテレビやスポンサーを納得させて放送したのです。

番組はまずまずの視聴率でしたが、ツービートの漫才は、今一つ話題になりません。それでも、テレビ界のみんなが怖がって使わなかったツービートをゴールデンタイムに使ったわけですから、ようやくツービートは解禁されます。

それから半年して、従来の演芸ではなく、若い層を引き込むようなタレントを集めて漫才中心の番組を考えます。やすしきよし、星セント・ルイス、B&Bの三本です。この時、ツービートも使いたかったそうです。しかし、何としても漫才番組を成功させたかったため、危険なツービートは外すことにしたそうです。

昭和五十五年の一月、「激突漫才新幹線」というタイトルで放送をすると、驚いたことに視聴率十六%を取りました。関西地区では十八%です。気を良くしたスポンサーはもっと演芸をやってもいいという話になりました。そこで月に一度のペースで演芸番組を組むことになります。この時、収録を見に来ていたのが、フジテレビのプロデューサーの横澤彪さんでした。横澤さんも演芸番組を手掛けたいと考えていたのですが、どうすれば若い層に演芸が受け入れられるか、苦慮していたのです。

横澤さんは、花王名人劇場の成功を見て、演芸の可能性を確信しました。そこで、従来の漫才というイメージを変えるために、タイトルを「THE MANZAI」と横文字に変えました。寄席のイメージを払拭《ふっしょく》させるために、アメリカのショウのようにビッグバンドの音を取り入れました。客層も、大学の落語研究会の学生を集め、学生ばかり客席に座らせました。

そして若い漫才ばかりを出したのです。出演者は上記の三本の他に、中田カウス・ボタン、ザ・ぼんち、島田紳助・松本竜介。この時もたけちゃんは危険だと反対が出ましたが、なんとかメンバーに組み込まれました。放送の収録は銀座博品館劇場です。司会は高島忠夫さん。何もかも一流の構えです。

野球の雨傘番組のために作ったのですが、幸いなことに雨になり、放送されました。これが高視聴率を取りました。「花王名人劇場」とともにフジテレビのゴールデンタイムで漫才が大当たりをしたのです。これで、漫才に一遍に火が付きました。その後、澤田さんと横澤さんはどんどん番組を作って、新しい漫才を出していきます。

さらに、日本テレビのプロデューサー中島銀兵さんが、同じ年の四月に「お笑いスター誕生!!」という番組をスタートさせました。これも演芸番組ですが、勝ち抜き戦形式で、十週勝ち抜けばチャンピオンになれます。勝っている限り毎週テレビに出演できます。無名のタレントでも十週も同じ番組に出たなら、たちまち顔が知れて、スターになれるわけです。ここからたくさんスターが出てきます。

まずB&Bです。B&Bはもう立派な実力を持っていますし、すでにスターです。素人に混ざって、勝ち抜き戦に出るようなタレントではありません。しかし、全国区で名前を上げたい一心からスター誕生に出演しました。そしてあっという間に優勝です。番組が最も注目を集めていた時期に十週出演して勝ち抜いたのですから。たちまち全国区となって、テレビのレギュラー出演が殺到します。

B&Bが出世のお手本を自ら示したことで、オーディションをためらっていたおぼん・こぼんさん、マギー司郎さんといった中堅まで押しかけてきます。その後、とんねるず、ウッチャンナンチャン、コロッケと次々に当時の若手が出てきます。それぞれ瞬く間に知名度を上げました。演芸はたちまちブームになり、ヒートアップしてきます。

そうなるとタレントがいくらでも必要になります。B&Bはすでに頂点を突っ走っています。その後に出た、紳助・竜介、太平サブロー・シロー、ザ・ぼんちはもうアイドル並みの人気です。みんな寝る間もなくテレビに出演して、多忙を極めるようになります。

漫才ブームはすでに勢いがついていています。しかし、優秀な漫才が足りません。澤田さんは、こんな時にWヤングがいたなら、どれほど稼いだかと悔やみました。番組を束ねられるような実力漫才が、やすしきよしを除いて他にいないのですから。そのやすしきよしも、息切れ状態で、新作の漫才ができません。

澤田さんも、横澤さんも、どんどん番組を作ったために、視聴率のとれる強烈な漫才を渇望しています。澤田さんもこのころには頻繁にツービートを使います。ネタがどうのこうのと言っている場合ではなくなってきました。もう、うんこ、おしっこ解禁です。とにかく面白いタレントを連れて来なければ番組が作れないのです。

ツービートは出たそばから大人気です。横澤さんは、ツービートを使う時にはVTRは切らずに流して、危ないセリフの時だけ、ピーという機械音を入れました。それがまた面白くて人気沸騰です。

漫才が天下を取って、ネタも言いたい放題やりたい放題になったのです。たけちゃんが狙っていた通りの時代が来たのです。

このたけちゃんの人気に飛び乗って、片岡鶴太郎さんがたけちゃんにすり寄って来ます。太田プロに入って、ぴったりたけちゃんにくっつきます。演芸場時代に、小林旭と小森のおばちゃまで凌いでいたころを思うと、その後の活躍はまるで別人です。そして今では画伯です。立派な出世です。もう小森のおばちゃまはやりません。画伯ですから。

漫才ブームに乗った若手はいきなり殺人的なスケジュールをこなすようになり、とんでもない収入を手に入れることになります。実はお笑い芸人が他のジャンルのトップと肩を並べられるような収入を得たのはこの時からです。

私の親父が売れていた頃は、余興（イベント）に行って貰うギャラは包み金でした。紙にくるんだご祝儀が出るのです。中身は相手の見計らいです。千円の時もあれば一万円の時もあります。多くの場合は予想したよりも少ない祝儀です。貰った後で苦情は言えません。この時代は親父に限らず、当時売れていた、初代林家三平さんでも、五代目柳亭痴楽さんでもみんな包み金でした。そのため相当に売れた芸人ですら、亡くなる時には何一つ財産が残らなかった人がたくさんいたのです。

それが漫才ブーム以降、一回百万を超えるギャラを取る芸人がたくさん現れます。年収は億になります。有名歌手や俳優並みの生活が保障されるようになりました。これなら若手が憧れてどんどん入ってきます。演芸の世界が一変しました。

同時に、人気が出たことの代償として、責任がこれまでの数倍重くなり、漫才に求められるレベルが高くなり、澤田さん、横澤さんの番組に出るために、毎回十分の新ネタを用意しなければならなくなります。ポッと出の若手はネタのストックがありませんから、売れたい、テレビに出たいと思いつつも、ネタがないため、なんとしても次の出演までの間にネタ作りをしなければならず、のたうち回って苦しむことになります。

中堅クラスは、ネタ数はありますが、それでも安定して笑いを取るネタとなると数が限られます。うけの弱いネタ、少し古いネタを持って行くと、たちまちきつく言われて、つまらないところはどんどん削られます。十分のネタが、削られ削られ三分になってしまう時もあります。こんな状況で毎回、十分のネタを削られたなら、あっと言う間にストックは底をつきます。ベテラン漫才でもネタ見せの時になると頭を抱え込んでしまいます。

セント・ルイスさんなどは、追い立てられるようにネタを作らなければならない現状に、やがて疲労を感じるようになります。特に横澤さんのダメ出しは、頭から問答無用と斬り捨てて来るタイプだったらしく、たちまちノイローゼに陥ってしまいます。無論、澤田さんの方も負けず劣らず、厳しい要求をしてきます。何しろ、テレビ開局以来の敏腕プロデューサーで、高視聴率を取り続けた澤田さんですから、芸人は誰一人口答えできません。

セントさんは私にすら、横澤さんはきついとこぼしていました。実際辛かったのでしょう。私にこぼしても私には何の力もありません。しかし、仲間の少ないセントさんは愚痴を聞いてくれる相手がいなかったのでしょう。セントさんは元々ヘビースモーカーでしたが、このころになると、喫茶店でも闇雲《やみくも》に煙草を吸い続けます。これが晩年の肺癌《がん》の原因になったと思います。セントさんは身も心もボロボロになっていき、やがて、漫才ブームから離れていきます。

昭和六十年、漫才ブームが沸騰しているさ中、新宿紀伊國屋ホールで、自ら芝居を公演しています。それも、ベケットの「ゴドーを待ちながら」という難解な芝居でした。漫才ブームの東京の筆頭であるセント・ルイスが新劇をするとあって、新聞各社は面白がって記事に取り上げました。それを鵜飲みにして、紀伊國屋ホールに多くの演芸ファンが出かけて行きましたが、実際に見てさぞや複雑な気持ちになったことと思います。

舞台上は痩せた木が一本あるだけ、芝居はほとんどセントさんとルイスさんの二人が、誰かを待ちつつ木の根元に座りこんで不条理な話を延々話します。これで一幕目は終わりです。二幕目もほぼ同じことが繰り返されます。二人は誰かを待っていますが、結局待ち人は来ずに終わります。知らずに見たなら、なんだこりゃあ、という芝居です。

舞台中央のシンボリックな木が、十字架と気付き、タイトルの「ゴドー」という言葉からゴッドを連想できれば、この芝居は決して難解ではないのです。待ち人が来ない理由も分かります。一見、不条理に聞こえるセリフも、聖書を少しでも知っていれば、そのパロディーだと分かります。皮肉な会話が延々続くフランス喜劇です。ナンセンスな笑いを期待して見に来た観客には全く肩すかしです。この芝居には池乃めだかさんは出てこないのですから。

私は漫才師が、ベケットの芝居を紀伊國屋ホールでするというだけで凄いと思いました。実際、セントさんは自分のしたい芝居ができて満足だったと思います。それにしてもルイスさんはよくこんな複雑な芝居に付き合って、膨大なセリフを覚えたもんだと感心しました。これ以降、セントさんはいっそう新劇にのめり込んでゆき、テレビの仕事を減らしていきます。この時をピークに、セント・ルイスさんの漫才の人気は下り坂に向かいます。のちの話は、最終章でお話ししましょう。

3

昭和五十六年、久々に演芸場の楽屋でたけちゃんに会いました。たけちゃんに弟子が付いています。

「おいらの弟子になりたいんだって。何考えてんだかな」

たけちゃんは半分照れながら弟子を紹介してくれました。今の東国原英夫さんです。周りには週刊誌の記者が何人かいて、たけちゃんの普段の喋りからネタを拾っています。たまに会ったんだから呑みに行きたいと思いましたが、この時私は、この中に入り込めない雰囲気を感じました。明らかにたけちゃんの私への喋り方が変わっています。

それまで二人が気兼ねせずに親密に話していたものが、画面が急にワイドになり、たけちゃんの話しぶりが、周りにいる昨日今日知り合った記者連中と私を同等に見ているように感じました。「売れるということはこういうことなんだな」と思い、

「まぁ、忙しそうだから、また今度呑みましょう」

と、私は自ら引き下がるほかはありませんでした。この時が六年間のたけちゃんとの付き合いの終わりでした。これで面白かった芝居の幕は閉じたのです。

この年、私はアメリカに行きました。ロサンゼルスのマジックキャッスルに出演しました。さらに、その周辺の仕事を引き受けて、アメリカでも何とか生きていける方法を摑みました。私自身は日本のマスコミで売れる事よりも、年に数か月アメリカで仕事をして、あとは国内で日本の古典奇術を見せられる場があればよいと考えていました。

日本に帰って、私と、マギー司郎とナポレオンズの三組は、新宿のＡＣＢ《アシベ》ホールを借りて三組の会を開きました。この年の秋、二回目の会をすると、観客が満席です。マギーさんのテレビ効果が出たようです。元々、売れた時のために今のうちに新しいネタを作っておこうということから会を始めたものですから、マギーさんが売れたことは喜ばしいことです。終演後、ナポレオンズのボナ植木・パルト小石、マギー司郎、私の四人で歌舞伎町で呑みました。マジックの話など一切しない、実にのどかな呑み会でした。この呑み会は三十数年経った今も続いています。

昭和五十七年、アメリカでの活動が評価されて、私はマジックキャッスルから表彰されました。正直それは嬉しかったですし、これで何とかマジックの世界で生きていけると思いました。

そこで長年付き合っていた和子と結婚することにしました。この時、ふとたけちゃんを思い出しました。たけちゃんは和子を度々演芸場などで見て知っています。ひょっとして、結婚式に顔出しだけでもしてくれるかなと思い、たまたま私がフジテレビの仕事の時に、たけちゃんが番組のリハーサル室で稽古をしているのを知り、訪ねてみました。

いました。弟子と一緒に曲芸の稽古をしています。側に寄って行って、少し話をしました。そこで、八月に結婚をする話をしました。するとたけちゃんは、

「多分その時はグァム島にいるよ。映画を撮っているんだ」

後で調べたら、『戦場のメリークリスマス』の撮影でした。残念です。しかし仕方ありません。後で親父にこのことを話すと、親父は珍しく神妙な顔をして、

「もう、お前からたけしに近づいてはいけないよ。たけしは別の人生を歩んでいるんだからね。いくら松竹演芸場で親しかったからと言って、それでこの先もずっとたけしと友達

付き合いができるわけはないんだ。俺も経験があるけどな。いくら親しかった仲間でも、売れてしまうと生活が一変するんだ。そうなると、以前は普通に付き合っていた仲間でも、一緒に話ができなくなることもあるんだ。

お前のように、たけしの売れない時期を詳しく知っている者は、売れた芸人にとっては邪魔なんだ。有名になって、たくさん弟子ができたり、有名人との付き合いが増えてくれば、少しは自分を大きく見せたい時だってあるだろう。そんな時にお前が脇で、たけしの食えない時代の話をしてみろ。たけしは立場がないだろう。お前にとっては何気ない昔話が、売れた者にとっては、話されては困ることがたくさんあるんだ。

だからな、これからは決してお前からたけしのところに行ってはいけないよ。ましてや、たけしに何かを求めてはいけない。たけしとの思い出をよき思い出のままでいたければ近づかないことだ。そこに何かを求めても、きっと失望するだけだよ」

さすが親父は年の功で、ものの理非をわきまえています。これだけものがわかっていながら、なぜオメガとラドーの真贋がわからないのかが不思議です。確かに、親父に言われてみればその通りです。この時、冷静になって過去を振り返ってみたら、たけちゃんが私とつき合っていた理由は演芸場の楽屋の中では、多少ものの理屈のわかる芸人だったからでしょう。それは演芸場の中では、というくくりでの話です。

一旦、演芸場から離れてしまえば、もっと才能ある人は山ほどいるのでしょう。新しい仲間がたくさん増えたのです。そうなら無理に私を仲間とする理由はないのです。私は楽しい面白かった日々を思い出として、すべてを封印するのが一番いいことなのだと判断しました。

その後、私は、手妻《てづま》（古典奇術）と大型マジックショウの仕事に没頭してゆきます。その仕事を大切に育てていくことが私の人生でした。たけちゃんのことはしばらく考えないようにしました。その活動の途中には、またたけちゃんと会う機会もあるかもしれません。その時には、昔を語って楽しいひと時が持てたなら、それはそれで幸せと思っていました。実はそんな時間が三十年後にやってきます。詳細は、次の章でまとめてお話しします。

漫才ブームは結局二年で鎮静化します。その過熱ぶりは、演じる側の精神を極端に追い詰めたようです。結局ほとんどの漫才は数年のうちにコンビを解散してしまいます。漫才を維持するということはそれだけ過酷なことなのでしょう。そうした中でツービートも漫才をしなくなりました。その後のたけちゃんの活躍は私が言うまでもないことです。

昭和五十五年にたけちゃんは、『ツービートのわッ毒ガスだ——ただ今、バカウケの本』（ツービート著、ベストセラーズ）という過去のネタの一掃セールのような本を出して、六十万部を売り上げます。大ヒットです。翌年にはラジオの「オールナイトニッポン」にレギュラーで出るようになり、深夜のラジオを爆発的にヒットさせます。また、ゴールデンタイムには横澤さんの番組「俺たちひょうきん族」でタケちゃんマンを演じ、今に続くコスプレで笑いを取り、これもまた大人気になります。

その後はやることすべて大当たりです。たけちゃん出世物語は、めでたくたけちゃんが芸能界で天下を取りましたのでこれでおしまいです。

と、言いたいところですが、まだ、これだけは言っておかなければならない、ということがあります。次の章をご覧ください。

ちょうど時間となりました

の巻

1

さて、これまで書いたことで、中途半端に止まっている話のその後をお話しします。

まず、松竹演芸場ですが、漫才ブームの三年後、昭和五十八年に、突然閉館してしまいます。演芸場は、閉館する前日まで黒字経営をしていたのです。それが、まったく演芸場には罪のない理由で消えてしまいました。前年の五十七年に浅草国際劇場が閉館します。毎年大赤字の劇場でしたからやむを得ません。国際劇場はダイエーに売られて、その後ビューホテルになっています。

続いて、演芸場の裏にあった元松竹座（喜劇をしていた大劇場、その後は借り手もなく空き店）と、演芸場の隣にある松竹映画館を売却しようとしたのですが、この二館の敷地がL字型で、売りにくいということになり、演芸場を加えると、四角形になるために、ちょうどいいと、三館まとめて売却することになりました（今はROXビル）。

全く演芸場の都合は考慮されず、地型の都合で演芸場は閉館です。演芸場は松竹に多大の貢献をしていながら、最後まで松竹本社から評価されませんでした。ただし、演芸は、演芸場の向かいにあった、常盤座《ときわざ》で再開するということになりました。

常盤座は、当時は映画館でしたが、元々、女流剣劇や、古くは歌舞伎も行っていた由緒ある劇場でした。松竹演芸場よりもよほど立派な作りです。常盤座で演芸ができるならこんなに有り難いことはないと、演芸場関係者は、芸人も、事務方も最終日にビールで乾杯して、常盤座での再会を約束して、ニコニコ笑って別れたのです。

ところが、常盤座は昭和初年の建物で、劇場から映画館に直してからでも三十年以上も経っていたために、基礎は腐っていて、老朽化が目立ち、楽屋は鼠の糞だらけ、音響も、舞台も設備が悪く、改修に一億以上かかるとわかり、これで企画はアウトです。一億かけて修理し、二千円の入場料を取って演芸をしていては、百年経っても回収できませんから。結果、演芸場の再興案は呆気なく消えてしまいました。

星セント・ルイスさんはその後、漫才ブームから離れ、徐々に仕事を減らしていきます。

それでも名前がありますから、イベントなどでは忙しかったようです。その後時々仕事先で会いましたが、かつての斬新なスタイルが型にはまってしまい、なおかつキャッチコピーが昔のままのため、いささか古くなった感じがしました。それでも観客にはうけています。仕事の合間には、頻繁に、新劇仲間と芝居をして、人生を楽しんでいました。

セントさんは、平成十二年に肺癌《がん》にかかり入院、復帰後舞台に出ましたが、痩せた体が一層痩せて、痛々しくて気の毒でした。その後再入院。退院すると、今度は声が出なくなりました。セントさんは自身の限界を悟って平成十五年にコンビ解散。十六年に亡くなりました。

その死を知って、ルイスさんはまるで子供のように泣きじゃくりました。「俺を置いてなぜ死ぬんだ」。そのなりふり構わぬ姿に私は世間が言うような、コンビ仲の不和はなかったと思いました。

何万人のファンに送られて葬式をするよりも、長年苦楽を共にした相方に、ここまで愛されて、あらん限りの涙を流されたのなら、セントさんも幸せだったろうと思いました。友人の少なかったセントさんの、唯一の親友がルイスさんだったのです。

そのルイスさんは、セントさんが亡くなった後、肺癌が見つかりました。しかし、周囲は当人には知らせないようにしました。そして、退院後、有志が集まり、ルイスさんの復帰を祝う会をホテルで開きました。ルイスさんは、元々小柄でしたが、レスリングでもやりそうな、肩の張った、ころっと太った人でした。久々に見たルイスさんは、肉が落ちて、顔のしわが深く、一気に老け込んでしまい、まるで別人でした。

宴の終わりに、発起人全員が舞台に上がり、ルイスさんを囲んで、激励しました。私もその一人として舞台に上がりました。それに応えてルイスさんが、

「これまで相方に支えられて漫才をしてきました。今は相方もいなくなって、俺一人では喋りもうまくありませんし、いつまで舞台に上がれるかわかりません。でも、みんなが応援してくれるのが嬉しいので、この先も司会と漫談でやってゆきます」

この時、発起人は全員ルイスさんが余命《よめい》幾許《いくばく》もないことを知っています。ルイスさんも、恐らく自分の寿命を知っていたのでしょう。誰もがこの先のルイスさんの運命を承知していながら、明るくふるまっている姿を見て、私は涙が止まらなくなりました。しかし舞台の上で泣いては、ルイスさんの再起を祝う会が気まずくなりますので、ルイスさんの挨拶

の間中、私は後ろを向いてハンカチで涙を押さえていました。ルイスさんは翌年、平成十七年に亡くなりました。相棒をなくし、すべての夢が潰えた末の死でした。恐らくルイスさんは早く相方のもとに行きたかったのでしょう。

2

私の親父は演芸場がなくなってからは、噺家の寄席に出るようになりました。そして、二か月に一度、大須《おおす》演芸場に出ていました。キャバレーは昭和五十年代末にはそっくり日本中から消えて無くなっていました。親父の収入は寄席のわずかな割《わり》（ギャラ）だけです。そんな中で親父は大腸癌《がん》にかかります。しかし奇跡的に回復します。私が病院に行くと、

「俺なぁ、ここを退院したら、癌漫談をやろうと思うんだ」

「何、癌漫談って」

「入院していると面白い話がいっぱいあるんだよ。その体験談を漫談にするんだ」

この時、親父はたくましいなぁと思いました。そんな気持ちで生きて行くなら安心です。

親父の癌漫談のネタは、

「俺が築地の癌センターに入院してたらね、隣のベッドに品のいい中年紳士が入って来て、奥さんと一緒に丁寧に挨拶するんだよ。で、俺がね、『あたしは大腸癌で入院しているんですが、あなたは何の癌なんです』って聞いたら、その人は驚いちゃって、『えぇ、大腸癌ですか。お医者さんがそう言いましたか』『言いましたよ。レントゲンの時に、ここに黒い影がありますねぇ。怪しいですねぇと言うから、癌でしょうと言ったら、お医者さんが慌てちゃって、いや、癌かどうかは分かりませんって言うから、癌センターのお医者さんが見て怪しいって言うんじゃ癌でしょうって言ったら、えぇ、まぁって言うから。それじゃあ癌でしょう。さっさと取りましょうって言ったんですよ。それで入院しているわけ。ところであなたは何の癌なんです』『いや、私は癌じゃあないんです。胃潰瘍の検査で入院するんです』『胃潰瘍？　あんたね、築地のがんセンターはベッド待ちの患者でいっぱいですよ。胃潰瘍ぐらいじゃ入院させませんよ』って言ったら、窓辺で奥さんが顔を傾《かし》げて、俺に一生懸命ウィンクするんだよ。『ははぁ、この奥さん俺に気があるな』と思って、奥さんにウィンクをし返しちゃった。ところがその後、旦那は、ベッドの上で、反対側向いて、俺と顔を合わせないんだよ、一言も喋らなくなっちゃった。

それでね、俺が癌になったって言って漫談をしていると、信用しないお客さんもいるんだよね。そういう時には証拠を見せることにしているんだ」

と言って、シャツの間からペースメーカーを引っ張り出して、

「頭が高い、皆のもの、これが目に入らぬか」

親父は紐のついたペースメーカーをお客に見せます。何とも呆気羅漢《あっけらかん》として面白い漫談です。

やがて親父の癌漫談が評判になり、癌患者の前で講演を頼まれるようになります。漫談ではなく、講演です。九十分話をしなければなりません。私は、

「講演って、どんな話しているの」

「講演のタイトルは、『なっちゃったものは仕方がない』というんだ」

「何じゃそれは」

「癌になった以上は、どうにもならないんだから、くよくよしても仕方がないっていう話。それよりも、癌と付き合って、毎日をどう楽しく生きるかを考えようって話だ」

実際、私は親父の講演を聞いて、親父は偉いと思うようになりました。漫談のネタはばかばかしい話ばかりですが、しかし、手術のこと、術後の生活のことをしっかり見つめて、苦労をしながらも日々の面白さを探しています。これを癌患者に聞かせるのはいいことだ、と思いました。親父は癌になったことで初めて自分の存在理由を見つけたのです。私は生まれて初めて親父を尊敬するようになりました。

それをまた、『破ガン一笑――笑いはガンの予防薬』（主婦の友社、一九九六年）という本にすると、何万部か売れました。その二年前にも、『ビートたけしのへその緒』（潮出版社、一九九四年）という本を出してこれも当たっています。また、ＴＢＳの「筑紫哲也のニュース23」という番組で、親父の日常を取り上げて、「明るいがん患者」と題して、漫談をする親父を特集すると、たちまち講演依頼が来ました。番組の中で、「南けんじさんは明日から、名古屋の大須演芸場に一週間出演します」と言うと、翌朝、演芸場の前に大行列ができました。日頃は三人、五人しか客のいない劇場が人だかりです。大須演芸場開館以来絶えて久しい光景です。行列は一週間続き、連日満員になりました。親父は得意満面です。

さらには、ライターの渡邉寧久さんが親父の生き方に共鳴して、スポーツニッポン新聞で親父の日常をレポートして毎週記事にしてくれました。親父に愛情を注いで記事を書いてくれたお陰で、親父を一目見たいという人が急増し、寄席に押しかけました。

親父は若いころに売れて、その後は泣かず飛ばずでしたが、最晩年に陽が射すようになりました。講演が増えて先生と呼ばれるようになりました。ある日私は、親父にうっかり、

「よかったねぇ、親父、癌になって」

と、言ったら、一瞬親父はやな顔をしました。でも、私は今でもそれでよかったと思っています。癌という不幸を蒙《こうむ》りながらも、それを味方につけて成功したのですから。しかし、成功の代償に、日に日に体が弱って来ます。公演先に行くことも容易ではありません。

そこで親父は、私にマネージメントと送迎を依頼してきます。当時はバブルの最盛期で、

私はイリュージョンチーム（大きなマジック一座）を起こして忙しかったのです。と言って、親父を一人で講演先に送ることもできません。そこで、私は私と弟子とで交互に日程を組んで送迎をしました。私は自慢ではありませんが外見は会社経営者のように堂々としています。むろん見かけだけです。中身は奇術師です。妖しいです。

そんな男をマネージャーに仕立てて、親父は私の車に乗って、講演先の病院や、会社に出かけます。親父が、「なっちゃったものは仕方がない」という講演を語るにしてはあまりに大仰です。まるで大物タレントです。親父にすれば嬉しくって仕方なかったようです。

私としても、この先何年こうして一緒にいられるかわかりませんから、なるべく親父に付き合うことにしました。講演の後は大概私の家に泊ります。家には親父の孫娘、すみれがいて、じいじいと一緒に寝るのを楽しみにしています。すみれは「じいじいが一番好きよ」と言います。親父は孫に愛されたい一心で講演の後も、末広亭の後も、私の家に来るたび、僅かな割を犠牲にして名探偵コナンの単行本を買ってきます。この時、親父は人生最大の幸せを体感していたのでしょう。およそ家庭を顧みなかった親父が辿り着いた世界です。

親父はすみれを正面から見ることができません。いつも孫のしぐさを脇からちらちら盗み見ています。恥ずかしいそうです。おそらく親父が生涯で最も愛した女性はすみれだったのでしょう。こんなところは、まともに人を見られないたけちゃんとよく似ています。

親父はとても陽気で屈託のない人でしたが、同時にシャイな人でした。親父は食に贅沢な人で、あちこちのいい料理屋を私に教えてくれました。しかし、唯一、魚の尾頭《おかしら》付《つ》きが嫌いでした。刺身は食べますが、タイやヒラメ、さんま、イワシ、目玉のある魚は一切食べません。初めはその意味がよくわからなかったのですが、晩年になって親父が話してくれたことには、親せきや兄弟が、芸人になった自分に冷たかったようです。親父は若いころから芸人である自分を世間がどう見ているかを気にしていたのです。

戦前の芸人は、今とは比較にならないくらい世間から差別を受けていたのでしょう。もっとも、私の学生時代ですら、ギターを持って歩いている若者が町内の人から不良だと言われていたくらいですから、お笑い芸人の親父は、毎日肩身の狭い思いをしていたのでしょう。自由奔放に生きられる代償に、いわれなき差別に苦しんだのです。人の目を気にするあまり、それが高じて、魚の目が自分を冷たく睨んでいるように見えて、魚料理そのものが嫌いになったのです。ずいぶん極端な被害妄想です。

実は魚だけではありません。家に飾ってあるこけしも、気が付くと親父は全部顔を横に向けてしまいます。こけしが正面を向いていると睨まれているようで、落ち着いて寝られないのだそうです。天真爛漫な親父でしたが、心の奥では人の目を気にしていたのです。意外でした。こうした親父のデリケートさがたけちゃんと共鳴するところなのかもしれません。

一見平和な親子関係でしたが、その後私は、バブルが弾けて舞台仕事が激減します。従業員の給料も、建物のローンも滞ります。苦悩の日々の始まりです。親父に、

「このままでは従業員の給料が払えないんだ」

と、言うと、親父は、

「やめさせちゃえよ」

「でもイリュージョンショウができなくなるよ」

「漫談やれよ。俺みたいに」

「奇術の世界でけっこう認められているのに、今から漫談かい」

「給料払わずに済むじゃないか」

「今月は建物のローンも払えないかもしれないんだ」

「じゃ売っちゃえ、全部売って、アパートに住めよ」

「俺に車運転させて、俺の家に泊まって、よくそんなことが言えるねぇ」

「金がなきゃしようがないだろ。いいか、バブルが弾けた後も、いい時の暮らしを維持しようとするから困るんだよ。駄目なら駄目で小さく生きれば生きていけるよ。何もビルを建てる必要もないし。車に乗る必要もないんだ」

「ちょっと待ってくれよ。俺の車に乗って一番喜んでいるのは親父じゃないか」

「だからさ、タダで乗せてくれりゃあ喜ぶよ。なけりゃあ歩くよ。なまじ、物を持つから苦労するんだ。なけりゃあ初めから苦労もない。戦時中のことを考えてみたらいい。あんなに物のない、大変な時代はなかったけども、それでも仕事はあったし、芸を持っていれば食べ物だって手に入ったよ。日本がアメリカと戦争している最中だって芸人は生きていけたんだぞ。そうならどんな時だって生きていけるだろう。

景気不景気なんて大企業には重大でも、芸人の生活にはあんまり関係ないんだ。芸人が食えるか食えないかは、その芸が好きだと言う客を何人持っているかなんだよ。いい客がいれば、芸人と芸人の家族が生きて行くくらいのことは何とかなるよ。贅沢さえしなければな」

つまり私は初めから、相談する相手を間違えているのです。親父に話をしても何一つ解決しないのです。親父のお説はご立派ですが、私の家に泊まった翌日、決まって出がけに、「おい、一万円貸してくれよ。昨日、コナンの単行本買って使っちゃったから」と私に金を借りようとします。アメリカと戦っていた時でも生きてこられた、と大口をたたいておきながら、いざ困ったときの資金源は私の懐です。「どうせパチンコに使うくせに」と、思いつつ私は金を渡します。

フーテンの寅さんの映画を見ていると、寅さんが失恋をして、家族と別れて旅に出る時に、必ず妹のさくらが駅まで付いて行って、ハンドバッグから一万円出して無言で寅さんに渡します。感動的な場面です。あの一万円を見るといつも、あれは私の金だと思います。

バブルの後遺症が回復しない平成九年、親父は築地のがんセンターに再入院します。今度は危ないかもしれません。ある日、ライターの渡邉寧久さんが訪ねて来て、
「この間、取材でたけしさんに会ったんですよ。その時親父さんが築地のがんセンターに入院していますから、一言メッセージをください。と言ったら快く引き受けてくれました」

と言って録音を聞かせてくれました。内容は一分半ほどでしたが、たけちゃんは実に神妙に、親父の病気を気遣ってくれて、かつ、世話になったことへの感謝のメッセージが入っていました。親父は、それを聞いて、たけしが俺を心配してくれている、と喜んでいました。

親父は入院中も、病院を抜け出して、講演や寄席に出ています。病院ではベッドの上で競馬中継を聴いていて、あまりに退屈だと散歩に行くと言って、病院を抜け出て昭和通りのパチンコ屋に行きます。間もなく自分の命が尽きるというのに、頭の中はパチンコの玉の尽きるのを心配しています。時に漫才連中や噺家が見舞いに来ます。親父は、

「俺ももう長くはないから、俺の漫談ネタを一括して譲るから許可状を出そうか」

と、言うと、親父の漫談は人気がありますから、一括して売るなら芸人は大喜びです。

「あなたに限って南けんじの漫談ネタの使用を許可する」と書いて、三万円で売ったのです。親父が死んだ後、許可状を買った芸人が十人も現れました。その都度私は謝って回りました。

隠れてパチンコをしたり、孫が来ると必ず小遣いを渡したり、癌患者にしてはやけに羽振りがいいからおかしいとは思っていましたが、親父は見舞客を相手に、自分のネタを売って、芸人の金をむしり取っていました。

亡くなる十日前、親父は私に折り入って話があると言いました。何事かと築地に行くと、

「上板橋の駅前に富士というパチンコ屋がある。入ってすぐの左の角の台か、その隣の台が、八日か九日目に一遍、馬鹿みたいに出るんだ。で、今日が八日目だから、どっちかの台が出るから、帰りに上板橋に寄ってパチンコしてみてくれるか。いや、タダとは言わない」

財布から、パチンコのパッキーカードを出して、

「ここに三千円分入っている。これでやってくれ。出た玉はお前のものだ」

「やだよそんなの。俺がどうして上板橋にパチンコしに行かなけりゃいけないんだ」

「そう言うな、これが最後の頼みだ」

「親父ねぇ、世間の人の最後の頼みというのは、もっと崇高で、切実なものだよ。上板橋のパチンコ屋に行ってくれなんて話は聞いたことがないぜ」

と、文句を言いましたが、親父が両手を合わせて頼むのです。しぶしぶ上板橋に行くと角の台が空いています。それならばと座ろうとすると、タッチの差で若い人に座られてしまいました。

仕方なくその隣に座って打ち始めると、うまい具合に当たって四箱出ました。これで目的達成だと思っていると、隣の若い人の台が当たり出して九箱出ました。私は唸ってしまいました。親父は入院する前から、台が次にあたる日を計算していたのです。翌日病院に行って、事情を報告すると、親父はにっこり笑って満足していました。さらにその一週間後、平成九年十二月、亡くなる三日前に親父は突然起き上がり、外に出ようとしました。

「親父どこへ行くんだ」

「パチンコ屋。大工の源さんの台が出る日だから行かなきゃいけない」

大工の源さんというのはパチンコの機種です。名古屋で三十万出した台です。

「親父、その体じゃあ無理だよ。第一、親父はもう歩けないんだよ」

親父は不満げに、しばらく大工の源さんのことを呟いていましたが、やがて床に就き、そのまま熟睡して三日後に亡くなりました。親父の最後の言葉は「大工の源さん」でした。私や家族のことは何も語らず、出る台を人に取られることにだけ未練を残して亡くなりました。七十三歳。呑んで、歌って、遊んで、博打《ばくち》して、一生遊んで暮らした人生でした。

3

拙著のまとめとして、たけちゃんの特異な才能を、私が感じたままにお話ししましょう。

たけちゃんが笑いを作る才能は大きく二つあります。

一つは何度か書きました、クラスの優等生のごとく、几帳面に勉強をこなす才能。この才能によって、たけちゃんはどんな趣味でも、仕事でも平均点以上の成績を上げます。そのための努力を惜しみません。それはちょうど、クラスの優等生がどんな科目もいい成績を取るのと同じように、物事を得意不得意で区別しないのです。好きだから勉強をするのではなく、使命感を持って努力をします。努力を効率よく成功に結びつけるために、学ぶためのシステムを作り込み、それに当てはめて勉強します。その過程の単純作業も嫌がりません。それができる人が優等生です。

勉強のできない人は頭が悪いのではありません。どう勉強していいのかがわからないのです。また、勉強の仕方がわかったとしても、英単語を単語帳に書き移すような、単純作業をサボろうとします。サボっていては優等生にはなれません。

たけちゃんの成功は多分に几帳面に台本を書き、日々、笑いを追求して行った結果です。しかし真面目に生きていれば大きな成功を摑める、というものでもありません。真面目に生きつつ、どこかで飛んで見せなければ大きなチャンスは摑めません。しかしこれは簡単なことではありません。真面目に生きる、と、飛ぶ、というのは相容れないものです。それを融合させたところにたけちゃんの特異な才能があるように思います。

もう一つのたけちゃんの才能は、人が思いもよらない発想で切り込んでくる意外性です。多くの人を驚嘆させるたけちゃんの才能はこれでしょう。たけちゃんの発想に接すると世間の人は天才だと言います。私も初めてたけちゃんに会ったときは、意外な切り込み方に驚いた一人です。でも、長いことたけちゃんを見ていると、「意外な切り込み」にも仕掛けがあることが見えてきます。その仕掛けとは、野次馬として、徹底した客観的な目で見ること。そして、フォーカスをクローズアップからすぐさま俯瞰《ふかん》に切り替える目です。

まず、たけちゃんは、自分自身が野次馬の立場にあることを崩しません。自身のことを語る時でも、一度自分を突っぱねて、客観的に自分のしていることを眺めます。そうすると自分の愚かさが見えてきます。多くの人は自分と自分の考えがぴったりくっついていますから、自分で自分を笑えないのですが、徹底的に自分を捨てて、自分が野次馬になって他人事のように自身を眺めれば自分の行動が面白く話せるのです。

こうしたものの見方は、多くのお笑い芸人のするところで、お笑いの基本的な考え方です。ただ、たけちゃんが他と少し違うのは、たけちゃんは野次馬でありながら、突然立ち位置が変わるのです。何らかの話を提供して、多くの人がその話に乗って来たと見ると、さっとレンズを俯瞰に切り変えて、自身は空中二千メートルの上空に立ちます。そこで、自分の引き出しにある笑いをセレクトして、爆弾投下のタイミングを待ちます。人が些末な話題にとらわれているときに、いきなり空中からギャグをばらまきます。散々人をクローズアップで釘づけにしておいて、突然俯瞰で爆弾を落としますから、人は意外な切り込みに驚きます。

レンズの切り替えが自在にできるのは、たけちゃんが話にのめり込まないからです。たけちゃんは、今話している話に興味がないのです。話はギャグを仕掛けるための罠に過ぎません。

こうしたたけちゃんのものの見方は、科学や政治の番組で大いに効果を発揮します。政治を取り上げた番組で見せるたけちゃんの姿勢は常に大人です。時として、むきになって語っている政治家が幼稚に見えてしまいます。たけちゃんには政治が、右も左も人を幸せにしないことを知っているのです。たけちゃんはお笑いの世界に入ってきた時からすでに、世の中を諦観している風があります。心の奥には無常観があるのでしょうか。そうなら、大阪で坊さんになるのも案外不向きではないかもしれません。

優等生の生真面目さ。野次馬の立ち位置。さらに、クローズアップと俯瞰という相容れない視点を、たけちゃんはうまく利用して、自身の笑いを作り出していると思います。

さて、実は売れた後も、私はたけちゃんと何度か会っています。偶然会って、一杯呑んだり、立ち話をしたり、会えばしばらく話をします。ただし取り巻が増えて、何となく落ち着いて話ができません。周りに気兼ねして、心の奥の話まではできません。それは当然でしょう。もう立場が違います。私も通り一遍のことしか話せません。

私は、平成五年以降、バブルが弾けて、チームも、会社も、家も、泡のごとく消えて行くかと思っていました。しかし、若いころから習っていた手妻《てづま》(伝統奇術)、水芸は、他に演じる人もいませんので、手妻の仕事は減らなかったのです。そこで、マジックチームを手妻、水芸に特化した結果、倒産もせず、今日に至っています。

折から海外からの賓客が頻繁に来日するようになり、日本の伝統文化が徐々に見直されて来て、舞台も忙しくなって来ました。

平成二十一年、私はこれまでの手妻の研究を一冊の本にまとめ、新潮社から『手妻のはなし』と題して刊行しました。千年以上に及ぶ、手妻の歴史をまとめた本です。新潮社は、その本の宣伝の一環で、『新潮45』という雑誌の中で、私とたけちゃんの対談を企画してくれました。赤坂のホテルの一室で、久々たけちゃんと会いました。

会うとすぐに松竹演芸場時代の話になり、一時間の対談予定が二時間を超して、かつ、ホテルの廊下で三十分も延々立ち話をして浅草時代を語り続けました。たけちゃんも話し相手が欲しかったのでしょう。考えてみれば、あの時代を語れる仲間というのは他にいないのです。たけちゃんは相変わらず伏し目がちで、恥ずかしそうに話をします。しかし記憶は鮮明で、互いが瞼の奥に描いている光景は、まさに三十五年前の浅草の景色なのです。

「あぁ、この人は全く変わっていないなぁ」

と実感しました。その後になって、東京スポーツ新聞社から演芸大賞特別芸能賞というものを下さるという連絡が来ました。聞くと審査委員長は北野たけしさんということです。それなら、前回の対談の時に話した道具代未払いのお詫びだな、と思いました。これが前

書きのくだりにつながります。授賞式の舞台上で私が、

「これで済んだと思うなよ」

と、凄みましたが、別段金をゆすっているわけではありません。本心はもっと別のところにあります。そのことはおしまいをご覧ください。何よりも、授賞式の後で、参加者が帰った後も、舞台の上で二人してずっと演芸場の話をしました。いい思い出でした。

4

ところで、『新潮45』の対談の冒頭で、新潮社の重役が、型通りに私をたけちゃんに紹介してくださり、「子供のころから手妻をしてきて、今では唯一の手妻の継承者で、国からも認められて、支援を受けて手妻を保存している人です」

と、まぁ、大袈裟に言えばその通りです。するとたけちゃんは、

「そんなに偉い人になっちゃったんだ。羨《うらや》ましい」

と、言ったのです。この時以来、私は、たけちゃんの言葉がずっと気になっていました。「偉い人になったんだ」は、たけちゃん独特の冷やかしです。気になるのは、「羨ましい」です。羨ましいとはどういう意味でしょう。私とたけちゃんを比べたなら、百人が百人たけちゃんの人生の方を羨ましがるはずです。なぜたけちゃんは私を羨ましいと言ったのでしょうか。

私は、ここにたけちゃんの心の悩みがあるように思います。たけちゃんが今日までもテレビで人気を持ち続けているのは、たけちゃんが変わり続けてきたからでしょう。たけちゃんは漫才に関しては優等生でした。優等生は別段勉強が好きなわけではありません。同様に、たけちゃんは漫才を愛し、一生漫才に身を捧げようとは考えていません。それゆえにたけちゃんは漫才ブームに先が見えると、さっさとツービートを止《や》めてしまいます。漫才に未練がないのです。

それからたけちゃんはめまぐるしく自身の仕事を変えて行きます。

漫才の後、バラエティ番組とオールナイトニッポンに移行してゆきます。ここでもたけちゃんは大成功をします。オールナイトニッポンは野次馬であるたけちゃんの個性を最も活かした番組だと思います。気の合った仲間と数人で、密室の中でエロネタ、差別ネタを小声で話すのが可笑しいのです。野次馬たけちゃんの真骨頂です。

また、バラエティ番組では、たけし軍団やタレントを使って、笑いを展開してゆきます。

しかしここで、明石家さんまさんや、島田紳助さんの機敏な才能を目の当たりにして、内心、劣等感を抱いてきたのではないかと思います。

無論たけちゃんのすることですから、どの番組も人気があってうけていますが、このころからたけちゃんは、自身が一つ所にとどまらず、どんどん変えて生きて行くことに疑問を感じ始めたようです。どこの世界にもトップがいて、そのトップと自分とでは相当に技術の差があることに気付いているのです。変化を続けて行く限り、芸が深まることはありません。そこで、どこかでじっくり腰を据えて、一芸で頂点に立ちたいと望むようになったのではないかと思います。

たけちゃんが私を羨ましがったのは、たまたま私が五十年近く同じことを続けてきた、という事と、それが日本唯一の存在であるというところなのではないかと思います。

しかし、日本唯一と言っても、何万人もの中から私が選ばれて存在しているわけではありません。誰もする人がいなかっただけの話です。一つことを続けて来られたのは、マスコミから遠い世界で地味に生きてきたからです。別段羨ましがられることではありません。いや、もちろん私自身も、若いころはマスコミで売れたいと思っていました。しかし、以前に、セントさんから、「自分から売り込むな、人に探されるようなタレントになれ」と言われて、素直に実践していたのです。ところが、いつまで待っても、誰も私を探しに来なかったのです。探されないまま、六十になってしまったのです。これはまずい、と思いました。私としたことがぬかったなと、思いました。しかし手遅れです。

もうこの先は古典芸能の継承者となって、もっともらしい能書きをたれながら、生きて行くしかありません。すなわち武運拙《ぶうんつたな》くこの仕儀に至っただけのことです。

私は、たけちゃんは今まで通り変化のある人生を繰り返し、常に、傍観者として、世の中を斜めに見て語っている姿が一番似合っていると思うのですが、たけちゃんの心の内は一芸の頂点に立って、マエストロの立場を手に入れたいと考えているのでしょうか。

たけちゃんを書いた読み物はたくさんあります。その多くはたけちゃんの多彩で飛びぬけた才能を褒め讃えるものです。でも、才能があったから売れたというのは短絡的な考え方です。もし、国際通りで車に轢《ひ》かれていたら、大阪で坊さんになっていたら、才能による成功なんてなかったのです。実際その危険性は何度もあったのです。成功と失敗の差は常に紙一重なのです。

たけちゃんは初めから才能の塊《かたまり》でした。でもそうなら、たけちゃんは早くから売れていなければいけません。それが、なぜ演芸場で六年、フランス座で四年、合計十年も足踏みしなければならなかったのか。それは、単に頭がいい、才能があるというだけでは世の中生きてはいけないからでしょう。たけちゃんが悩み苦しんだ中から何をどう摑んでいったのかということこそ重要で、たけちゃんが自分と世の中の接点を模索して、一つひとつ答えを出していったことこそ成果なのです。

結果として、漫才を辞めたい、死にたいと思ったすぐ背後には常に、とてつもない成功が待っていたのですが、わずかな成功の糸口が摑めないばかりに、延々苦しんだのです。

私にとっては売れた後のたけちゃんよりも、日々葛藤し続けていた、たけちゃんにこそ魅力を感じます。その姿を知っていることが私の宝物です。それをどこかに書き残しておこうと思い、拙著を出したのです。

お終いに、もう一つ、私が、受賞の舞台の上で、「これで済んだと思うなよ」と開き直った本当の理由をお話ししておきましょう。

私はたけちゃんに、かつての松竹演芸場を建ててもらいたいのです。世界中の各都市に、コメディシアターがたくさんできていますが、東京には一軒もありません。寄席はありますが、そこは落語を中心とした伝統的なお座敷芸の場所です。コント、漫才、漫談、曲芸、奇術、こうした芸能を、音響照明を駆使して、ショウとしてみせられる劇場が、一千万都市の東京に一軒もないのは不自然です。出演者が毎日舞台に出られる場所がなければ、いい芸能も、いい芸能人も育ちません。

たけし軍団の皆さんも、これから売り出してゆくお笑いタレントの人も、連日松竹演芸場に出て、みんな初心に帰って、観客の前で芸を披露してはいかがでしょう。

たけちゃんも、松竹演芸場があったからこそ、今日があるのでしょう。そうなら、演芸場出身者で最も成功したたけちゃんこそ、松竹演芸場を建てるにふさわしい人です。私が立て替えたお金は、私に返すのではなく、芸能の世界に返してください。

もちろん、演芸場建設は、たけちゃん一人に負担を願うことではありません。趣旨にご賛同くださる読者の中で、小金を持っている中小企業のタコ社長さんでも、あるいは頭蓋骨に刀傷のある丸悪社長さんでも、資金を出してくださるなら、人品、外見、小指の有無を問いません。ご賛同くださる方がいらっしゃったら、是非ご一報、ご協力くださるよう切に望みます。

もし、めでたく松竹演芸場設立の運びとなりましたら、『たけちゃん、資金出せ。松竹演芸場設立編』と題しまして、華麗に続編を刊行して、御報告致します。乞うご期待。

さて、いろいろ申し上げました、たけちゃんの出世一代記『たけちゃん、金返せ。』は、おなごり惜しゅうはござりますれども、ちょうど時間となりました。またの会う日を楽しみに、それでは皆様ごきげんよう。(チョーン)

おわり

あとがきにかえて

メディアプロデューサー　澤田隆治

私が松竹演芸場に通うようになったのは、昭和五十年から。それは、浅草の喜劇を復活させたいと願う関敬六さんを応援して、『関敬六劇団』を立ち上げ、松竹演芸場で年に二、三回は公演することになったからだ。劇団は演芸場が閉館するまで続き、第十二回公演では昭和五十五年度文化庁芸術祭に参加し、優秀賞をいただくことになった思い出深き劇場だった。

それまで私と浅草のかかわりは、テレビのコメディシリーズ『てなもんや三度笠』が大当たりして、浅草国際劇場の正月興行の『園まりショー　夢は夜開く』に藤田まことと白木みのるがゲスト出演することになり、演出として大晦日の舞台稽古に立ち会う、その前に、憧れの六区を通って観音様をお参りしたことが一度あっただけというものだった。浅草六区に松竹演芸場があることは、『デン助劇団』の常打ち小屋としてテレビ中継されていたから知らないわけではなかったし、大阪道頓堀の角座と同格の浅草の色物の劇場であることは知っていたが、『関敬六劇団』が旗揚げするまでは、私は、一度も入ったことはなかったのだ。

私は以前から、劇場街としての浅草六区の変わるさまに興味があり、戦後の浅草の興行街のことを書き残しておきたいと思って、浅草について書かれたものをかなり集めていたのだが、浅草興行街が日本一だったころのことや、女剣劇や、ストリップで人気を集めたスターたちやコメディアンの思い出を書いたものはあるが、松竹演芸場で活躍した芸人のことを書いたものはほとんどない。プログラムさえも、古書市でも見ることはまずない。ほとんど諦めていた。

ところが、古典奇術の手妻の第一人者の藤山新太郎さんが、「『松旭斎天勝《しょうきょくさいてんかつ》』さん（明治、大正、昭和初期に大活躍した美人奇術師）のことを小説に書いてみました、読んでください」と、コメントを付けて、大量の生原稿を送ってきた。

私も『初代天勝』に関しては、『花王名人劇場』でドラマ化したことがあり、資料をたくさん集めたことがあって、かなりシビアに読ませて頂いたが、よく調べていて、私が知らないエピソードが多く書かれていたのに驚かされた。

藤山新太郎さんは、文化庁の芸術祭賞を三度も受賞されており、古典奇術の研究者であり、同時に実践者として稀有な人であるとは思っていたが、『天勝』を素材のこれだけのものが書けるのには驚いた。

さらに、その生原稿とともに、短いエッセイのような原稿が同封されていて、まず、その方から読んでみたら、これが松竹演芸場時代のビートたけしさんと若きマジシャン藤山新太郎さんとの交友録が生き生きと書かれたもので、当時のことを知る私ですら知らない、売れない芸人達の姿が見事に浮かんできた。さらには松竹演芸場の事務所や、楽屋までが見事に描きだされていて、読み終わるとたまらず電話をした。

「天勝さんの話はこれからじっくり読むけれども、あの浅草演芸場時代のたけちゃんの話、面白いからもっと書いてよ。演芸場のこと、事務所の支配人や、住田課長のことなんか思い出して、読んでいて涙が出たよ」

と、興奮気味に話してしまった。こんな気持ちは最近なかったことだったから、電話を切った後も、無性に嬉しかった。

その短い文章が、一冊の本になって、エピソードがぎっしり詰まって仕上がってきたときには、私は懐かしさに涙しながら読んでしまった。この本を読んでこんなに涙を流すのは私ぐらいのものではないかと思いながらも……。


（さわだ・たかはる）

❖著者略歴

藤山新太郎（ふじやま・しんたろう）

昭和二九年一二月一日東京生まれ。

一一歳で初舞台。以来、マジシャンとして活動する。

文化庁芸術祭賞を受賞（昭和六三年・平成五年・平成一〇年。うち平成一〇年は芸術祭大賞）。

伝統的な古典奇術「手妻」を継承し、蝶のたはむれ、水芸等を今に残している。

著書に、
『タネも仕掛けもございません――昭和の奇術師たち』角川学芸出版、二〇一〇年
『そもそもプロマジシャンというものは』東京堂出版、二〇一〇年
『手妻のはなし――失われた日本の奇術』新潮社、二〇〇九年、など。

たけちゃん、金返せ。

浅草松竹演芸場の青春

2018年9月8日　初版第一刷印刷
2018年9月13日　初版第一刷発行

著　者――――藤山新太郎

発行者――――森下紀夫

発行所――――論 創 社
東京都千代田区神田神保町2－23　北井ビル
tel. 03(3264)5254　fax. 03(3264)5232
web. http://www.ronso.co.jp/
振替口座　00160－1－155266

装　　幀―――宗利淳一

装画・挿絵―――カズ・カタヤマ

編集・組版―――永井佳乃

印刷・製本―――中央精版印刷

ISBN978-4-8460-1740-8　